Bendl / Fürst / Marterbauer / Kager / Lloyd

Europa im globalen Wettbewerb

Erwin Bendl / Erhard Fürst
Markus Marterbauer
Marianne Kager
Robert Lloyd

Europa im globalen Wettbewerb

Brennpunkte

NP

Gestaltung: verlagsbüro wien

Gesamtherstellung:
Niederösterreichisches Pressehaus
Druck- und Verlagsgesellschaft mbH
A-3100 St. Pölten, Gutenbergstraße 12

ISBN 3-85326-201-5

Inhalt

Vorwort

Mit „Europas große Chance", dem ersten Band der von der Bank Austria und dem Institut für Wirtschaft und Politik herausgegebenen Taschenbuchreihe, haben wir Ihnen einen Überblick über die politischen, wirtschaftlichen und gesellschaftlichen Strukturen und Veränderungen in einem Vereinten Europa geboten.

Der hier vorliegende zweite Band mit dem Titel „Europa im globalen Wettbewerb" setzt sich nunmehr mit Fragen zur zukünftigen Wettbewerbsfähigkeit des Standortes Europa vor dem Hintergrund eines sich ständig verschärfenden Konkurrenzdruckes auseinander. Dabei liegt ein spezielles Augenmerk auf der Behandlung des Bereiches E-Commerce. Die Bedeutung der „dotcoms" geht aufgrund ihres enormen Wachstumspotentials verbunden mit einem ständig steigenden Transaktionsvolumen bereits jetzt weit über den europäischen Binnenmarkt hinaus.

Die Autoren dieses Bandes beschäftigen sich daher mit verschiedenen Zukunftsperspektiven für die „Old Economy" vor dem Hintergrund einer stetig steigenden Konkurrenz aus dem E Commerce-Bereich. Dieser Sektor, der vor allem durch seine Dynamik und Wendigkeit besticht, stellt gerade für den Dienstleistungssektor der Old Economy eine besondere Herausforderung dar.

„Europa im globalen Wettbewerb" bietet Ihnen über die Darstellung der reinen Zahlen & Fakten hinaus eine Fülle von praxisorientierten Überlegungen und Szenarien, die auch Sie bei Ihrer persönlichen strategischen Planung und Umsetzung unterstützen können.

Die Reihe „Brennpunkte" soll Ihnen dabei als kompakter Begleiter im Alltag dienen, die mit Antworten zu brisanten wirtschaft- und gesellschaftspolitischen Fragen aufwartet. Profitieren Sie von dieser Kombination aus Detailfragen und globalen Zusammenhängen!

Bank Austria AG | Institut für Wirtschaft und Politik

Erwin Bendl / Erhard Fürst

Der Wirtschaftsstandort Österreich im internationalen Benchmarking

1. Standortwettbewerb und Globalisierung

Wenn wir – sehr verkürzt – internationales Benchmarking mit internationalen Vergleichen gleichsetzen, dann behandelt dieser Beitrag Österreich als Standort für Unternehmen im internationalen Vergleich. Diese Heranziehung anderer Länder bzw. Regionen zur Beurteilung der Qualität des nationalen Wirtschaftsstandorts hat im letzten Jahrzehnt massiv an Bedeutung gewonnen, und zwar durch ein Phänomen, das meist mit dem Schlagwort „Globalisierung" gekennzeichnet wird.

Globalisierung ist ein komplexer Prozess und bedeutet den wachsenden Wegfall nationaler Grenzen für wirtschaftliche Tätigkeit. Bis in die 80er Jahre dominierte das rasche Anwachsen des grenzüberschreitenden Güterhandels den Globalisierungsprozess. Grenzüberschreitende Produktionstätigkeit blieb einer begrenzten Zahl von multinationalen Unternehmen vorbehalten. Auch die internationale Bewegung von Finanzkapital unterlag mannigfachen Beschränkungen. Dazu kam noch, dass eine große Zahl von kommunistischen Ländern ganz bewusst die Integration ihrer Wirtschaften in die Weltwirtschaft verhinderte.

In den 90er Jahren veränderte sich die Situation fundamental. Die Europäische Union vollendete weitgehend ihr Binnenmarktkonzept und realisierte die vier Freiheiten der grenzüberschreitenden Bewegung von Menschen, Gütern, Dienstleistungen und Kapital. Aber auch im Rahmen von internationalen Abkommen (z.B. OECD oder WTO) werden über die EU hinaus Erleichterungen bei grenzüberschreitenden Transaktionen vereinbart. Der Zusammenbruch des Kommunismus und die politischen Veränderungen in China schließlich brachten geografisch einen weiteren massiven Globalisierungsschub.

Für die Standortdiskussion entscheidend ist die zunehmend räumliche Mobilität von Unternehmen, und zwar nicht nur der großen, multinationalen, sondern auch von Klein- und Mittelunternehmen (KMU). Der durch die Globalisierung verstärkte Konkurrenzdruck zwingt die Unternehmen, die Wahl ihrer Produktionsstandorte zu optimieren. Wer auf niedrige Arbeitskosten angewiesen ist, verlagert seine Produktion in Länder mit billiger Arbeit, energieintensive Unternehmen ziehen Standorte mit niedrigen Energiepreisen vor, forschungsintensive Unternehmen wandern in Länder mit qualifiziertem Forscherpotenzial und einer entsprechenden Forschungsinfrastruktur ab.

Einfach ausgedrückt: Es stehen heute nicht nur Unternehmen miteinander im Wettbewerb, sondern ganze Standorte. Dieser Wettbewerb bezieht sich im Wesentlichen auf die so genannten „Rahmenbedingungen", die durch die Politik für die unternehmerische Tätigkeit vorgegeben werden, ob es sich um die Steuergesetzgebung, das Ausbildungswesen, die Arbeitsmarktregelungen oder die Genehmigungsverfahren für Produktionsanlagen handelt.

Das bedeutet aber auch, dass der nationale Spielraum für die Gestaltung solcher Rahmenbedingungen – ganz abgesehen von den umfangreichen Vorgaben durch die Europäische Union – zunehmend beschränkter wird, es sei denn, ein Land nimmt erheblichen wirtschaftlichen Schaden durch Abwanderung von Unternehmen und unterbleibende ausländische Investitionen im Inland in Kauf.

Rechtlich gesehen kann Österreich den Körperschaftssteuersatz und Einkommensteuersatz frei festsetzen. De facto würden im internationalen Vergleich exzessiv hohe Steuer- (und Abgaben-)sätze zu den erwähnten negativen Reaktionen auf Unternehmensebene führen und darüber hinaus noch zu einer Abwanderung qualifizierter Arbeitskräfte.

Internationaler Standortwettbewerb heißt also, dass sich die gesetzgebenden Körperschaften und die öffentlichen Verwaltungen in internationaler Konkurrenz um kluge standortattraktivierende Maßnahmen und Verfahren befinden. Wenn z.B. in Österreich Betriebsanlagengenehmigungen wesentlich länger dauerten als in vergleichbaren europäischen Industriestaaten, wäre dies für Unternehmen abschreckend. Das globalisierte Umfeld übt Druck auf die zuständigen Verwaltungsstellen und die politischen Entscheidungsträger aus, diese Verfahren rasch, effizient und unternehmensfreundlich abzuwickeln.

Übrigens spielt sich dieser internationale Standortwettbewerb auch innerhalb von multinationalen Unternehmen ab. Solche Unternehmen fühlen sich immer weniger einem bestimmten Land verpflichtet, sondern treffen ihre weltweiten Investitionsentscheidungen nach betriebswirtschaftlichen Überlegungen, um den Unternehmenswert zu maximieren. Das bedeutet, dass die einzelnen nationalen Tochterunternehmen in der Zentrale um die Zuteilung von Investitionsmitteln und Forschungsressourcen für ihre Projekte kämpfen und die jeweiligen nationalen Rahmenbedingungen einen entscheidenden Faktor für die Rentabilität der einzelnen Projekte darstellen und damit für ihre Durchsetzbarkeit im Gesamtkonzern.

2. Benchmarking

Benchmarking ist zum Modebegriff unserer Tage geworden. Jede noch so mickrige Tabelle, die Zahlen mehrerer Länder zu einem bestimmten Thema enthält, wird rasch zu einem internationalen Benchmarking hochstilisiert. Vor wenigen Jahren noch hatte man sich mit der Bezeichnung „internationale Vergleichswerte“ oder Ähnlichem begnügt.

Tatsächlich sollten wir den Begriff Benchmarking für ein anspruchsvolleres Konzept reservieren als es simple Vergleichszahlen darstellen. Diese Vergleichszahlen sind nicht mehr und nicht weniger als ein Hilfsmittel im Benchmarkingverfahren, um zahlenmäßig fassbare Informationen zu kondensieren. Für sich alleine genommen und ohne Einbettung in ein theoretisches Gesamtkonzept haben sie oft nur minimalen Aussagewert. In der Regel bilden sie den Ausgangspunkt für die Formulierung von Fragen und Hypothesen.

Denken wir zur Illustration an einen internationalen Inflationsvergleich. Kaum jemand wird der Aussage widersprechen, dass niedrige Inflationsraten als positiver Standortfaktor zu bewerten sind. Dennoch hilft dem Investor die Information, dass die Inflationsrate in Österreich 2 Prozent und in Ungarn 10 Prozent beträgt – für sich allein genommen – kaum weiter. Erst im Zusammenhang mit anderen Informationen, z.B. über Lohn-, Energie- und sonstige Produktionskosten, die Geld- und Wechselkurspolitik, die Berücksichtigung der Inflationsrate in Kollektivvertragsverhandlungen, die Qualifikation der Arbeitskräfte, die steuerlichen Rahmenbedingungen etc., gewinnt auch jene über die Inflationsrate selbst an Gewicht. Also Vorsicht vor isolierten Vergleichen, die nicht in eine umfassendere Analyse eingebettet sind!

Kehren wir zum eigentlichen Benchmarkingkonzept zurück. Dieses sollte aus den folgenden sechs Stufen bestehen:

6-Step-Benchmarking

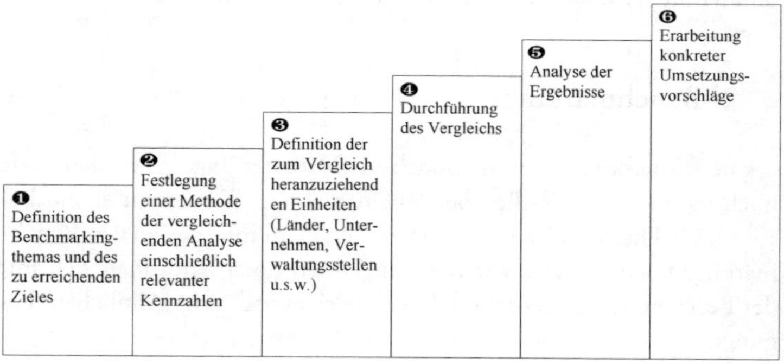

Abbildung 1

Für unser Thema „Benchmarking des Wirtschaftsstandorts Österreich“ würde dies Folgendes bedeuten: Zuerst sind Thema und Ziel noch präziser zu formulieren. Geht es um die Industrie oder um die Gesamtwirtschaft? Geht es eher darum, Österreich für ausländische Investoren attraktiv zu machen oder die Position österreichischer Unternehmen im Vergleich zu ihren ausländischen Konkurrenten attraktiver zu gestalten?

Die Durchführung des Benchmarkingprojekts enthält gerade bei internationalen Vergleichen erhebliche Fußangeln. Dazu einige Beispiele: Der häufig gemachte Vergleich von Steuersätzen (insbesondere Körperschaftssteuersätzen) bedeutet wenig, solange man nicht die Regeln der Gewinnermittlung vergleicht. Besser, für einen halb so großen Gewinn 40 Prozent zu zahlen, als 30 Prozent für einen doppelt so großen. Der Vergleich des Anteils öffentlicher Bediensteter an der Zahl aller Beschäftigten kann irreführend sein, wenn in einem Land das Ausbildungssystem überwiegend staatlich, in einem andern aber überwiegend privat organisiert ist. Und bei sich rasch ändernden Strukturkennzahlen à la „Prozentsatz der Erwachsenen mit Internetzugang" können bereits einige Monate auseinander liegende Erhebungsdaten zu stark verfälschten Ergebnissen internationaler Vergleiche führen.

Die wahrscheinlich spannendste Etappe im Benchmarkingprozess ist die fünfte, nämlich die Analyse der Ergebnisse. Da sie mit besonderen Schwierigkeiten verbunden ist, wird sie meist sträflich vernachlässigt. Hier geht es um die zentralen Fragen des „Wie" und des „Warum". Warum haben die Niederlande eine günstigere Lohn- und Arbeitsmarktentwicklung? Warum hat der Bundesstaat Deutschland relativ weniger Staatsbedienstete? Warum sind die skandinavischen Länder bei der Informations- und Kommunikationstechnologie europäische Spitze? Wie schaffte es Finnland, in relativ kurzer Zeit seine Forschungs- und Entwicklungsquote (Anteil der Ausgaben für Forschung und Entwicklung am Brutto-Inlandsprodukt) um einen Prozentpunkt zu erhöhen? Wie wurde Bayern zu einem attraktiven Standort für Biotechnologieunternehmen oder sonstiger Forschungseinrichtungen?

Nur eine solche Analyse bietet die Basis für den letzten Punkt, nämlich konkrete Maßnahmen zur Stärkung des Wirtschaftsstandorts Österreich zu erarbeiten, Maßnahmen, die die besonderen Rahmenbedingungen, die Stärken und Schwächen und die Umsetzungshindernisse berücksichtigen.

3. Die Praxis des Standortbenchmarkings

Nach der Beschreibung eines idealen Modells für Standortbenchmarking nun zur gängigen Realität. In der Praxis finden wir folgende Ansätze für Standortbenchmarking oder besser für Standortvergleiche.

- spezielle, meist von der Regierung oder sonstigen öffentlichen Institutionen in Auftrag gegebene Standortuntersuchungen;
- vergleichende Studien internationaler Organisationen (insbesondere der OECD und der EU) zu bestimmten Aspekten der Standortqualität (Arbeitsmarkt, Hochtechnologie, tatsächliche Steuerbelastung für Unternehmen etc.);
- marktorientierte Vergleichsstudien, insbesondere von großen Consultingfirmen (der europäische Telekom-Markt, internationaler Vergleich der Börseperformance usw.);
- institutionalisierte, jährlich neu erhobene Standortstudien für einen bestimmten Kreis von Ländern, z.B. das World Competitiveness Yearbook des Internationalen Instituts für Managemententwicklung (IMD) in Lausanne, der World Competitiveness Report des World Economic Forum in Genf oder der Index „Economic Freedom of the World" des Fraser Institute in Vancouver;
- Ad-hoc-Standortstudien z.B. von Interessensvertretungen (UNICE, Europäischer Arbeitgeberdachverband; Deutsch-Österreichische Handelskammer usw.);
- der Rest, d.s. vor allem an einigen wenigen internationalen Vergleichszahlen aufgehängte Standortüberlegungen.

Die dabei verwendeten Daten sind zum Teil „harte" Daten der Statistik, zum Teil Expertenschätzungen und zum Teil Ergebnisse von Befragungen, insbesondere von Unternehmen. Wegen der weltweiten Popularität der jährlich erscheinenden Standortbewertungen der beiden genannten Schweizer Institutionen – sie bieten ein Standort-„Ranking", also eine Reihung der Standorte nach ihrer Attraktivität – einige Kommentare dazu:

Beide Studien arbeiten mit einer großen Zahl (150 – 250) von Einzelindikatoren, die teilweise aus offiziellen Statistiken stammen, teilweise das Ergebnis von Befragungen sind. Diese Indikatoren werden zu wenigen Obergruppen, wie Infrastruktur, Finanzierung, Regierung, Management usw., zusammengefasst, die dann selbst zu einem Gesamtindikator zusammengewichtet werden.

Dabei ergeben sich zwei Grundprobleme: Das eine ist das der (mehr oder weniger willkürlichen) Gewichtung. Welches Gewicht soll man im IMD-Bericht der Arbeitsproduktivität zumessen, welches dem Einfluss von AIDS? Das zweite Problem liegt darin, dass die Verwendung einer sehr großen Zahl von Indikatoren häufig nur scheinbar präzisere Ergebnisse bringt. Viele Indikatoren hängen miteinander eng zusammen (sind also positiv oder negativ korreliert), wie z.B. Zinssätze und Inflationsraten, Wirtschaftswachstum und Produktivitätswachstum, Arbeitskräfteknappheit und Lohnsteigerungen. Diese Faktoren getrennt anzuführen, bringt kaum zusätzliche Information, kann aber das gewichtete Endergebnis massiv verzerren.

Als ein prägnantes vereinfachtes Beispiel sei die Beschreibung eines Wirtschaftsstandorts durch nur vier Indikatoren angeführt, nämlich Wirtschaftswachstum, Lohnsteigerungen, Kreditzinsen und Infrastruktur. Jeder dieser vier Standortfaktoren erhält das Gewicht 25 Prozent, eine auf den ersten Blick plausible Vorgangsweise. Tatsächlich haben wir es aber nur mit zwei Standortfaktoren zu tun, nämlich „Infrastruktur" einerseits und „wirtschaftliche Dynamik" andererseits, die ihre Ausprägungen in hohen Wachstumsraten, hohen Lohnsteigerungen und einer restriktiven Geldpolitik, also hohen Zinsen hat. In Wahrheit werden daher auch die Standortfaktoren nicht gleich gewichtet, sondern der Faktor „wirtschaftliche Dynamik" mit 75 Prozent und der Faktor „Infrastruktur" mit 25 Prozent. Trotz dieser massiven methodischen Schwächen haben die Ergebnisse der beiden Standortreihungen auf Grund ihrer weiten Verbreitung einen gewissen Einfluss. Auch wenn von einem Jahr zum anderen völlig absurde Rangsprünge passieren. So fiel Österreich von 1996 auf 1997 im Ranking des WEF vom 19. auf den 27. Platz zurück, ohne dass etwas erkennbar Negatives in Österreich oder dramatische positive Veränderungen in anderen Ländern objektiv festzustellen gewesen wären.

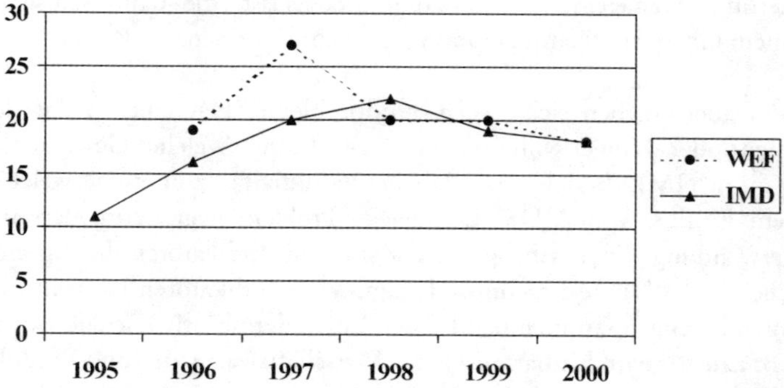

Österreichs Wettbewerbsfähigkeit laut WEF und IMD

Abbildung 2

Steigende Bekanntheit genießt das Ranking zur Wirtschaftsfreiheit, das das Fraser Institute in Vancouver regelmäßig unter dem Titel „Economic Freedom of the World" veröffentlicht. Anhand öffentlich zugänglicher Statistiken von angesehen Institutionen wie Weltbank und OECD sowie unter Mithilfe von über 50 nationalen Instituten wird regelmäßig ein Ranking publiziert. Österreich hat seine absolute Position in den jüngsten Jahren aufgrund von Privatisierungen und anderen Liberalisierungen verbessern können – auf dem ersten Blick ein gutes Resultat, allerdings schneiden die meisten EU-Staaten besser ab. Immerhin zeigen die Rohdaten für den 2001-Index einen merklichen Anstieg der wirtschaftlichen Freiheit, der insbesondere auf die durchgeführten Privatisierungen zurückzuführen ist. Das Fraser Institute kommt aufgrund der vorliegenden Daten für den Durchschnitt von über hundert zum Schluss, dass hohe wirtschaftliche Freiheit im allgemeinen nicht nur die Standortattraktivität eines Landes erhöht, sondern auch den Wohlstand pro Kopf und die Lebenserwartung.

4. Die Bedeutung einzelner Standortfaktoren

Über die wichtigsten Faktoren, die die Qualität und Attraktivität eines Wirtschaftsstandorts ausmachen, herrscht weitgehende Übereinstimmung.

Dazu zählen:

- die geopolitische Lage des Landes und die Größe des Marktes;
- „weiche Standortfaktoren", wie politische und soziale Stabilität, Möglichkeiten der Rechtsdurchsetzung, unternehmensfreundliches Klima, Lebensqualität;
- Qualifikation und Verfügbarkeit von Management und Mitarbeitern;
- Lohnkosten;
- Standard in Forschung und Entwicklung;
- Qualität und Preise der Infrastruktur (Verkehr, Energie, Telekom);
- steuerliche Rahmenbedingungen;
- Beschränkung unternehmerischer Freiheit durch Regulierungen und bürokratische Abwicklungen (insbesondere Umweltschutz, Konsumentenschutz, Arbeitnehmerschutz);

Wie schon im vorigen Abschnitt erwähnt, ist die Frage der Gewichtung der einzelnen Faktoren offen und wohl auch für eine Gesamtbetrachtung des Wirtschaftsstandorts grundsätzlich lösbar; und das sowohl aus Sicht der Investoren wie des betreffenden Landes. Jedes Unternehmen beurteilt einen Investitionsstandort nach anderen, jeweils branchen- und unternehmensspezifischen Gesichtspunkten.

Ein traditioneller Textilbetrieb ist besonders an billigen Arbeitskräften interessiert und bewertet daher den Standortfaktor Arbeitskosten besonders hoch. Für ein besonders kapital- und energieintensives Papierunternehmen mögen niedrige Kapital- und Energiekosten einen besonders hohen Stellenwert haben. Für ein forschungsintensives Biotechnologieunternehmen zählen wieder das vorhandene Forschungs- und Wissensumfeld sowie das Klima gegenüber dieser Art von Forschung und Entwicklung und die einschlägigen gesetzlichen Regelungen am meisten. Ein Unternehmen der New Economy wieder mag seine Standortentscheidung an der Verfügbarkeit von Fachkräften im Informations- und Telekommunikationsbereich sowie der Möglichkeit flexibler Arbeitszeitregelungen ausrichten.

Aus Sicht der für den Standort verantwortlichen Regierung bedeutet das die Notwendigkeit eines Leitbilds für die Wirtschafts- bzw. Industriestruktur. Aus diesem Leitbild ergibt sich der Stellenwert einzelner Standortfaktoren und damit auch Konsequenzen für standortpolitische Maßnahmen. Für Österreich kann es z.B. kein Ziel sein, Standort für Niedriglohn-Branchen zu sein oder für Unternehmen mit hohem Verbrauch an natürlichen Ressourcen. Vielmehr muss angestrebt werden, wissens- und forschungsintensive, umwelt- und ressourcensparende Produktionen anzusiedeln, die hochqualifzierte Arbeitskräfte einsetzen. Natürlich bedeutet das nicht, dass z.B. Lohn- und Energiekosten keine Rolle spielen. Es bedeutet nur, dass Österreich in diesen Bereichen nicht überdurchschnittlich attraktiv sein muss, wohl aber bei der Qualifikation der Beschäftigten, bei Forschung und Entwicklung, beim Aufbau von Wissensclustern, also know-how-orientierten Netzwerken zwischen Unternehmen, bei Ausbildungs- und Forschungsinstitutionen.

Nach diesen grundlegenden Überlegungen zu Standortwettbewerb und Benchmarking soll nun in den nächsten Abschnitten ein Überblick über die Position des Wirtschaftsstandorts Österreich im internationalen Benchmarking gegeben werden. Dabei kann verständlicherweise nicht die umfängliche Forschungsarbeit im Sinne des weiter oben beschriebenen Benchmarkverfahrens geleistet werden. Vielmehr werden anhand vorhandenen international weitgehehend vergleichbaren Datenmaterials Schlussfolgerungen zur Standortattraktivität Österreichs abgeleitet.

5. Österreichs Position im Benchmarking-Vergleich

Nachfolgend wird eine Auswahl an wichtigen Standortkenndaten vergleichend dargestellt. Die folgenden Faktoren sind keineswegs ein abschließender Katalog, vielmehr eine repräsentative Auswahl. Auch dürfen die einzelnen Standortkriterien nicht isoliert, sondern wie oben betont im Zusammenspiel betrachtet werden. Schließlich wird jedes Unternehmen die Standortqualität je nach Produkt, Zielgruppe und internen Strukturen anders einschätzen.

Geopolitische Lage

Die Österreicher formulieren gerne poetisch, ihr Land liege im Herzen Europas. Naturgemäß spielt die geografische Lage eines Landes eine wichtige Rolle bei der Standortbewertung. Randlagen sind in der Regel weniger geschätzt als Zentrallagen, immer natürlich unter der ceteris paribus-Bedingung, d.h. dass alle anderen Standortfaktoren gleich sind. In der Praxis kann eine Randlage natürlich durch andere Standortvorteile (Beispiel Irland) kompensiert werden.

Als Standort profitiert Österreich einerseits von der Nachbarschaft zu einem wirtschaftlich starken Deutschland. Andererseits ist Österreich Tor zum Osten und eröffnet damit als Standort interessante Absatz- und Zuliefermärkte. Ein Unternehmen mit Standort Österreich kann preiswert im Osten zukaufen und an wirtschaftlich starke Handelspartner im Westen verkaufen. Im Zentrum Europas liegend und als Mitglied der Europäischen Union ist Österreich die Brücke zu riesigen Märkten und damit für viele Unternehmen ein idealer Firmensitz. Viele international tätige Unternehmen wickeln ihre Osteuropageschäfte in weiten Bereichen über die Niederlassung in Österreich ab.

Die Alpen, die das Land durchziehen, verteuern naturgemäß die Kosten für den Verkehrswegebau. Andererseits gilt: Wer die Alpen für den Verkehr erschließt, ist zu technischen Höchstleistungen gezwungen. Nicht umsonst haben sich ein heimischer Seilbahnhersteller und österreichische Tunnelbauer auch im Ausland einen Namen gemacht.

Wohlstand

Das Wohlstandsniveau in Österreich liegt deutlich über jenem der meisten Industriestaaten. Gemessen an der Kaufkraft haben nur neun Staaten ein höheres Bruttoinlandsprodukt pro Kopf. Nur drei EU-Länder können mehr Wertschöpfung pro Einwohner als Österreich vorweisen.

Österreich ist es auch gelungen, eine relativ breite Verteilung des Wohlstandes zu erzielen. Mehr als jeder zweite Haushalt kann regelmäßig Geld sparen. Nur in den Niederlanden ist die Sparquote höher. Der hohe Wohlstand in Österreich macht Österreich für viele Produkte und Dienstleistungen zu einem interessanten Absatzmarkt und wirkt stabilisierend.

Kaufkraft im internationalen Vergleich
Einkommensgruppen nach BIP pro Kopf gemessen am Kaufkraftindex OECD = 100

Sehr hoch		Hoch		Mittel		Niedrig		Sehr niedrig	
LUX	160	ISL	118	FRA	103	ESP	77	HUN	47
USA	140	DEN	117	ITA	102	POR	70	SLK	45
NOR	128	CAN	114	SWE	100	GRE	67	MEX	36
SUI	126	BEL	112	**EU**	**99**	SLO	67	POL	34
JPN	121	**ÖST**	**111**	GBR	98	TCH	64	RUS	34
		GER	107	FIN	96			TUR	30
		AUS	107	IRL	92				
		NED	106	NZL	88				
				ISR	87				

Tabelle 1

Den hohen Lebensstandard in Österreich bestätigen auch andere Statistiken. So nimmt Österreich im Human Development Index der Vereinten Nationen den 16. Platz unter insgesamt 174 erfassten Ländern ein. In einem anderen Bericht reiht die Weltgesundheitsorganisation die gesundheitliche Versorgung für die Bevölkerung in Österreich auf Platz 9 von insgesamt 191 untersuchten Staaten. Derartige Untersuchungen mögen die Österreicher selbst wenig beeindrucken, aber wenn es darum geht, qualifizierte Führungskräfte aus dem Ausland nach Österreich zu locken, dienen sie sicher als ein gern gehörtes Argument.

Arbeitskosten

Die Kosten für Arbeit sind in Österreich hoch. Die wichtigsten Handelspartner liegen kostenmäßig um rund fünf Prozent unter dem österreichischen Niveau. Vor allem bei den Lohnnebenkosten liegt Österreich im Spitzenfeld. In der verarbeitenden Industrie fallen

Lohnnebenkosten in Höhe von 90 Prozent an. Einzig Frankreich und Italien leisten sich höhere Lohnnebenkosten. In Dänemark liegen die Lohnnebenkosten sogar beträchtlich unter dem US-Niveau.

In den hohen österreichischen Arbeitskosten kommt auch die Produktivität heimischer Arbeitnehmer und Unternehmen zum Ausdruck. Zwischen 1988 und 1998 haben heimische Unternehmen ihre Produktivität um jährlich 7,6 Prozent gesteigert und werden nur noch von Portugal übertrumpft. Andererseits sind die hohen Arbeitskosten in gewissem Sinne Kennzahl für die mit der Beschäftigung verbundenen administrativen Lasten.

Lohnnebenkosten in der verarbeitenden Industrie in Prozent
Wert für 1998

	Italien	103
Sehr hoch	Frankreich	93
	Österreich Belgien	**90**
	Spanien	83
Hoch	Finnland, Deutschland	82
	Niederlande	80
	Portugal	78
	Japan	70
Mittel	Schweden	69
	Griechenland	68
Niedrig	Schweiz	53
	Norwegen	49
	Großbritannien	41
Sehr niedrig	USA, Irland	40
	Kanada	38
	Dänemark	25

Quelle: OECD

Tabelle 2

Der Wirtschaftsstandort Österreich kann aus den niedrigen Arbeitskosten in den östlichen Nachbarländern Nutzen ziehen und durch einen Mix die hohen Lohnkosten in Österreich relativieren. Vielfach sind Produktionen nach Osteuropa ausgelagert oder es werden wichtige Vorleistungen von dort bezogen. Das kann die Gesamtkostenbelastung für Unternehmen deutlich reduzieren und erhöht damit die Standortattraktivität Österreichs.

In Slowenien liegen die durchschnittlichen Brutto-Monatslöhne bei rund zwei Fünfteln des österreichischen Niveaus. Kroaten erzielen nur ein Viertel des österreichischen Durchschnittslohnes und die Tschechen gar nur ein Siebtel. Auch als Absatzmarkt spielen die Reformstaaten eine wichtige Rolle.

Durchschnittliche Brutto-Monatslöhne 1999
in Euro umgerechnet zu offiziellen Wechselkursen

Österreich	**2.183**
Slowenien	891
Kroatien	599
Tschechien	342
Polen	322
Ungarn	306
Slowakei	244
Mazedonien	153
Rumänien	120
Bulgarien	107
Russland	60
Ukraine	44

Quelle: WIIW

Tabelle 3

Beschäftigung und Arbeitslosigkeit

Innerhalb der EU kommen nur die Niederlande und Luxemburg auf eine niedrigere Arbeitslosenrate als Österreich – zumindest in der Statistik, denn viele heimische Arbeitssuchende nehmen an diversen Arbeitsmarktprojekten teil und werden damit nicht mehr als arbeitslos erfasst. Ähnliches gilt jedoch auch für die in anderen Ländern erstellten Statistiken. Mitte 2000 lag die Arbeitslosenrate in der Euro-Zone bei 9,2 Prozent. Zum gleichen Zeitpunkt waren in Österreich nur 3,3 Prozent arbeitslos gemeldet.

Jedes Jahr wird rund ein Drittel der Beschäftigungen beendet. Rund 70 Prozent dieser Beschäftigungsverhältnisse dauerten weniger als ein Jahr. Ein Grund dafür ist die hohe Anzahl der saisonabhängigen Beschäftigungsverhältnisse.

Die Anzahl der Langzeitarbeitslosen ist zwar auch in Österreich zum Thema geworden, statistisch betrachtet ist die Situation am Arbeitsmarkt viel besser als in den meisten EU-Staaten. Weniger als ein Drittel aller Arbeitslosen in Österreich suchen seit mehr als zwölf Monaten Arbeit. In Belgien und Italien sind es doppelt so viele. Nur Dänemark und Finnland haben weniger Langzeitarbeitslose. Bei der Bekämpfung der Jugendarbeitslosigkeit hat Österreich eine Vorbildfunktion übernommen. Kein anderes EU-Land hat weniger jugendliche Arbeitslose als Österreich. In Belgien, Spanien, Belgien, Finnland und Frankreich ist jeder vierte bis fünfte Jugendliche ohne Arbeit. In Österreich sind es nur knapp mehr als vier Prozent. Bei der Frauenbeschäftigung liegt Österreich im oberen Drittel.

Hartnäckiges Problem ist die Alterserwerbstätigkeit. Einerseits bevorzugen Unternehmen jüngere Arbeitskräfte. Eine Ursache dafür sind die hohen Lohnkosten und Abfertigungsverpflichtungen für langjährige Mitarbeiter. Andererseits drängen die Österreicher in die Frühpension. In der Schweiz sind über 79 Prozent der 55-64jährigen erwerbstätig. In Österreich hingegen stehen weniger als 30 Prozent dieser Altersgruppe noch im Erwerbsleben. Selbst im sozialen Schweden arbeiten doppelt so viele ältere Arbeitnehmer als in Österreich. Nur in Italien und Belgien ist die Beschäftigungsquote bei den 55-64jährigen niedriger.

Etwa zwei Drittel der Bevölkerung im erwerbsfähigen Alter gehen in Österreich einer Beschäftigung nach. Im Vergleich mit anderen OECD-Staaten liegt Österreich damit im Mittelfeld. Im Nachbarland Schweiz arbeiten knapp 80 Prozent der Einwohner im erwerbsfähigen Alter.

Eine Ursache für die verhältnismäßig niedrige Beschäftigtenquote könnte das umfassende System der sozialen Absicherung in Österreich sein. Österreich verwendet mehr als 30 Prozent seiner Wertschöpfung für Sozialausgaben. Nur Dänemark und Frankreich leisten sich unter den EU-Ländern höhere Werte.

Diejenigen Österreicher, die in das Arbeitsleben integriert sind, sehen in einem hohen Ausmaß keine Probleme mit ihrer Situation. Mehr als ein Drittel der österreichischen Arbeitnehmer ist laut einer Untersuchung von Eurostat mit seinem Arbeitsplatz „voll zufrieden". Nur in Dänemark ist dieser Anteil geringfügig höher. Im Nachbarland Deutschland ist nur jeder achte Arbeitnehmer „voll zufrieden". Ob Österreicher weniger kritisch sind als Deutsche oder die Situation in Österreich tatsächlich besser ist, ist nicht einfach zu beantworten. Ein Indikator für die tatsächliche Zufriedenheit könnte allerdings der schnelle Wiedereinstieg ins Berufsleben nach Arbeitsplatzverlust sein. Nach einem Arbeitsplatzverlust findet jeder zweite Österreicher innerhalb von sechs Monaten eine Beschäftigung. In Deutschland ist es nicht einmal jeder Dritte. Möglicherweise spielt auch der hohe Anteil an Saisonbeschäftigungen in Österreich dabei eine Rolle.

Arbeitnehmer, die mit ihrem Arbeitsplatz voll zufrieden sind, in Prozent, 1999	
Dänemark	37
Österreich	34
Irland	26
Luxemburg	26
Belgien, Niederlande	20
Spanien	16
Deutschland	13
Italien, Großbritannien	12
Griechenland, Frankreich	10
Portugal	5

Quelle: Eurostat

Tabelle 4

Ein anderer Indikator für die Zufriedenheit am Arbeitsplatz ist die niedrige Streikrate. In Österreich gibt es selten Streiks und wenn, dann nur mit wenig Beteiligten und überwiegend im öffentlichen Dienst. In den Statistiken werden meist null Streikminuten ausgewiesen, so in den Jahren 1994-96 sowie 1998-99. Kaum ein anderes Industrieland kann diesbezüglich mit Österreich mithalten.

Außenhandel und Direktinvestitionen

Gemessen am Anteil am Weltexport liegt Österreich abgeschlagen in der Weltrangliste. Betrachtet man jedoch die Pro-Kopf-Exporte, so liegt Österreich im weltweiten Ranking auf Platz elf und hängt Exportnationen wie die USA, Deutschland oder Japan ab. Ein Grund dafür ist sicherlich der verhältnismäßig kleine Binnenmarkt. Weiters wird den Österreichern nachgesagt, sich im internationalen Geschäft besonders gut an die Gepflogenheiten anderer Kulturen anpassen zu können.

In Summe trägt der Außenhandel mit Gütern und Leistungen rund 46 Prozent zur österreichischen Wertschöpfung bei. Der Schwerpunkt liegt im Handel mit Westeuropa, der Anteil der osteuropäischen Staaten ist in den 90er Jahren kräftig gewachsen.

Österreichs Außenhandel 1999

Region	Einfuhr		Ausfuhr	
	Mio. öS	*Anteil (%)*	*Mio. öS*	*Anteil (%)*
Europa	**758.815**	**84,4**	**716.770**	**86,4**
EU	618.282	68,8	520.714	62,8
EFTA	33.572	3,7	57.155	6,9
Osteuropa	101.138	11,3	131.805	15,9
Übersee	**139.946**	**15,6**	**112.507**	**13,6**
Asien	70.323	7,8	47.362	5,7
Amerika	58.034	6,5	51.996	6,3
Afrika	10.749	1,2	8.331	1,0
Insgesamt	**898.761**	**100,0**	**829.277**	**100,0**

Quelle: Eurostat

Tabelle 5

Bei den Direktinvestitionen, also grenzüberschreitenden Standortinvestitionen von Unternehmen, hat Österreich vom EU-Beitritt voll profitiert. Wurden Anfang der 90er Jahre durchschnittlich rund 1,2 Mrd. Euro von ausländischen Unternehmen in österreichische Standorte investiert, so hat sich dieser Wert 1996 verdreifacht. Der bisherige Höhepunkt wurde 1998 erzielt, als rund 4,4 Mrd. Euro investiert wurden. Das ist viermal soviel wie in den Jahren vor dem EU-Beitritt! Für ausländische Unternehmen ist Österreich damit offensichtlich ein hochinteressanter Standort.

Selbständigkeit

Der Anteil der Selbständigen in Österreich ist im Langfristvergleich zunächst kontinuierlich gesunken. Erst Mitte der 90er Jahre hat in Österreich eine Trendwende hin zu mehr Selbständigen eingesetzt, allerdings entfällt die Hälfte der Gründungen auf Ein-Mann-Betriebe.

In den 60er Jahren war außerhalb der Landwirtschaft jeder achte Beschäftigte selbständig, heute ist es jeder Dreizehnte – allerdings wieder bei steigender Tendenz. Von den Werten der 60er Jahre ist Österreich damit zwar meilenweit entfernt, aber der Trend geht in die richtige Richtung, und immer mehr Österreicher interessieren sich für eine Karriere als Unternehmer. Die professionell angebotenen Finanzierungsprogramme namhafter Geld- und Kreditinstitute haben dazu sicherlich einen wesentlichen Beitrag geleistet.

Die Datenlage im europäischen Vergleich ist zwar mangelhaft, trotzdem zeichnen sich markante Unterschiede ab. In Österreich liegt die Selbständigenquote bei 7,4 Prozent. In Belgien und den Niederlanden ist sie fast doppelt so hoch. Einzig Dänemark liegt im Vergleich von insgesamt 12 EU-Staaten hinter Österreich.

Selbständigenquote im internationalen Vergleich

Italien	22,7
Spanien	17,6
Niederlande	16,9
Belgien	13,9
Irland	13,4
Großbritannien	11,4
Finnland	10,0
Deutschland	9,4
Schweden	9,0
Frankreich	8,2
Österreich	7,4
Dänemark	6,9

Quelle: OECD

Tabelle 6

Eine skeptische Haltung zur Selbständigkeit nehmen vor allem jüngere Menschen ein. In einer Umfrage schlossen zwei Drittel der 14- bis 24jährigen Selbständigkeit für sich aus. Unternehmertum sei zu riskant und anstrengend. Darüber hinaus fehle es an Kapital.

In einer weiteren Erhebung bezeichneten 39 Prozent der Österreicher aller Altersstufen die Erleichterung von Unternehmensgründungen als ein vorrangiges Thema der Bundesregierung. Sechs von zehn Österreichern plädieren weiters für höhere Steuern für Personen mit gutem Einkommen, aber nur jeder siebte Österreicher will Erbschaften höher besteuern. Vermögen, das ohne eigenes Zutun entstand, hat offenbar einen höheren Wert in der Gesellschaft. Wohlstand, der von Unternehmen und Erfolgreichen erarbeitet wird, gilt weniger.

Die Kapitalerfordernis für die Gründung einer GmbH ist in Österreich strenger als in anderen Ländern. Auf dem Markt vertretene Gewerbetreibende schützen sich vor Neuanbietern durch strenge Zugangsvorschriften. Einem Salzburger, der mit seinem Unternehmen gewerblich Stiegenhäuser reinigen wollte, wurde die Berechtigung zunächst versagt, weil die angestrebte Tätigkeit „Kenntnisse über das Kehren, Feucht- und Nasswischen (...) sowie Kenntnisse des richtigen Antistatierens usw." voraussetze und diese „nur im Rahmen einer langjährigen sowohl schulischen als auch praktischen Ausbildung erworben werden können". Erst nach eineinhalb Jahren Verfahrensdauer konnte das Gewerbe ausgeübt werden, allerdings unter der Bezeichnung „einfache Reinigungsarbeiten nach Hausfrauenart". Wenn schon Gewerbeberechtigungen für simple Dienstleistungen zum Spießrutenlauf werden, wie langwierig sind dann Verfahren bei anspruchsvolleren Gründungsprojekten? Ein vereinfachter und schneller Zugang zur Gewerbeberechtigung würde einen wichtigen Schritt zur Erhöhung der Standortqualität Österreichs darstellen.

Öffentliche Verwaltung

Beim Anteil der öffentlich Bediensteten in Prozent der Gesamtbeschäftigung liegt Österreich leicht über dem EU-Durchschnitt. Wird hingegen nur der zivile öffentliche Sektor verglichen, dann liegt Österreich bei der Anzahl der Staatsdiener deutlich über vergleichbaren Staaten. Wenig verwunderlich ist daher, dass es in Österreich mehr Beamte als Beschäftigte in der Industrie gibt.

Von allen Berufsgruppen sind Beamte am häufigsten im Krankenstand. Selbst Arbeiter, die in Summe höheren Verletzungswahrscheinlichkeiten unterliegen als Arbeitnehmer in der Schreibstube, sind seltener im Krankenstand. Die geringste krankheitsbedingte Absenzrate vom Arbeitsplatz weisen hochqualifizierte Angestellte und Führungskräfte auf.

Seit vielen Jahren wird in Österreich versucht, den öffentlichen Sektor zu reformieren. Trotz einiger Erfolge, ist der große Wurf noch ausgeblieben. Zur strukturellen Reform des öffentlichen Sektors ist ein MiniMaxMasterplan gefordert:

- Nach dem Prinzip des kleinsten gemeinsamen Nenners muss sich der Staat auf seine unbedingt erforderlichen Kernaufgaben konzentrieren (MiniMasterplan).
- Nach dem Grundsatz des größten gemeinsamen Nenners müssen verbleibende Kernaufgaben so effizient und effektiv wie möglich durchgeführt werden (MaxiMasterplan).

Anstatt also die Tätigkeit des öffentlichen Sektors ohne strukturelle Maßnahmen lediglich zu verbessern, sollte die Notwendigkeit vieler öffentlicher Maßnahmen an sich hinterfragt werden. Bei gewissen staatlichen Tätigkeiten, ist zu klären, ob nicht private Dienstleister diese Aufgaben viel effizienter erbringen könnten. Letztlich ist die Durchführung der wenigen verbleibenden Kernaufgaben zu optimieren. Hier könnte der öffentliche Sektor viel von privaten Unternehmen lernen. Zweifellos kann eine kostengünstige und schnelle Verwaltung die Standortqualität wesentlich erhöhen.

MiniMaxMasterplan zur Neuausrichtung der Staatsaufgaben			
MiniMasterplan		MaxiMasterplan	
Prinzip des kleinsten gemeinsamen Nenners:	Staatliche Aufgaben werden auf die unbedingt erforderl. Kernbereiche konzentriert	Prinzip des größten gemeinsamen Nenners:	Die Kernaufgaben des Staates werden effizient und effektiv wie möglich erbracht
Mini Masterplan und MaxiMasterplan ergeben gemeinsam den MiniMax-Masterplan zur Neuausrichtung der Staatsaufgaben.			

Tabelle 7

Finanzpolitik

Mit einer Abgabenquote von offiziell rund 45 Prozent liegt Österreich deutlich im Spitzenfeld der OECD-Länder. Nachbarländer, wie die Schweiz oder Deutschland, liegen deutlich unter der 40-Prozent-Marke. Grund für die hohe Abgabenbelastung ist die Ausgabenfreudigkeit des Staates. Je mehr Geld die öffentliche Hand für sich selbst, für die Tilgung ihrer Verbindlichkeiten bzw. die damit verbundenen Zinszahlungen und für Umverteilung benötigt, desto höher muss die Steuer- und Abgabenbelastung sein. Beispielsweise liegt Österreich auch beim Spitzensteuersatz im Spitzenfeld.

Weil für viele öffentliche Leistungen nicht direkt eine Gebühr entrichtet wird, werden dieser Leistungen als quasi kostenlos empfunden. Das erhöht die Nachfrage und führt wiederum zu Finanzierungsengpässen und neuerlichen Steuererhöhungen. Eine stärkere Leistungsfinanzierung (Gebühren statt allgemeiner Steuern) wäre daher sinnvoll. Erste Schritte in diese Richtung wurden bereits unternommen, freilich ohne gleichzeitig Steuern zu verringern. Bei der für Unternehmen besonders bedeutenden Körperschaftssteuer liegt Österreich in der Statistik im europäischen Mittel. Durch die Streichung des Investitionsfreibetrages nähert sich jedoch der effektive Steuersatz immer mehr dem nominellen. Durch Sonderbegünstigungen ist die Gewinnermittlung in einer Reihe von europäischen Ländern attraktiver als in Österreich. Hinzu kommt, dass die Mindest-Körperschaftssteuer auch dann zu zahlen ist, wenn kein Gewinn anfällt. Viele europäische Länder haben ihre Körperschaftssteuersätze in jüngster Zeit gesenkt, so etwa Portugal, Dänemark, Großbritannien und insbesondere Irland.

Innerhalb der EU ist Österreich beim Haushaltsdefizit 1999 Schlusslicht geworden. Sieben EU-Länder erwirtschaften bereits Budgetüberschüsse. Für Finnland prognostiziert die EU-Kommission fünf Prozent Überschuss im Jahr 2001. Ohne Gegensteuerung würde Österreich ein Problemfall in Europa werden, entsprechende Sparmaßnahmen wurden in Angriff genommen. Die ausgabenseitige Sanierung hätte freilich weit größer als geplant ausfallen sollen. Eine grundlegende Strukturreform öffentlicher Ausgaben und Einnahmen ist dringend erforderlich. Der im Sommer 2000 gefasste Beschluss der Bundesregierung, bereits 2002 ein ausgeglichenes Budget erreichen zu wollen, ist jedenfalls zu begrüßen.

Budgetsaldo in der EU (in Prozent des BIP)

		2000	2001
Überschuß	Finnland	4,1	5,0
	Luxemburg	2,6	2,7
	Dänemark	2,4	2,5
	Schweden	2,4	2,9
	Irland	1,7	2,7
	Niederlande	1,0	0,4
	Großbritannien	0,9	0,7
Deficit	Belgien	-0,5	-0,2
	Spanien	-0,7	-0,4
	Deutschland	-1,0	-1,4
	Griechenland	-1,3	-0,6
	Frankreich	-1,5	-0,8
	Italien	-1,5	-0,8
	Portugal	-1,5	-1,5
	Österreich	-1,7	-2,0*
	Euro	-0,9	-0,8
	EU	-0,4	-0,3

* 1,3 % laut Budgetprogramm der Regierung
Quelle: EU Kommisson (Frühjahrsprognose 2000)

Tabelle 8

Das österreichische Steuersystem ist mit all seinen Ausnahmen und Sonderbestimmungen bürokratisch. Bankenschätzungen zufolge zahlen heimische Anleger beispielsweise rund 380 Mio. Euro zuviel Kapitalertragssteuer, u. a., weil Steuerfreibeträge nicht genutzt werden.

Kapitalmarkt

Schlusslicht ist Österreich seit Jahren bei der Börsenkapitalisierung in Prozent des BIP. Die Schweiz beispielsweise erreicht zehnmal so hohe Werte. Als ein Grund dafür gilt die hohe Aktienkonzentration in wenigen Händen, die Übernahmen über die Börse zur Ausnahmeerscheinung machen. Beispielsweise sind nach einer Untersuchung von McKinsey 22 Prozent der an der Wiener Börse gehandelten Aktien in öffentlichem Besitz (5,6 Prozent öffentliches Eigentum beim DAX). Fehlt die Übernahmefantasie, dann hinken auch die Kurse nach. 1999 beispielsweise konnten sich Anleger an den Börsen von Paris, Frankfurt, Tokio, New York und London über Kurssteigerungen von 18 bis 51 Prozent freuen.

Bei der Anzahl der Aktionäre ist Österreich weit abgeschlagen. Nach einer Untersuchung von McKinsey lagen die Aktienrenditen der im ATX vertretenen Unternehmen zwischen 1992 und 1998 deutlich unter den DAX-Werten. Österreichische Unternehmen mögen zwar nicht im Mittelpunkt der internationalen Wirtschaftsberichterstattung stehen, aber ihre Leistungen sind insbesondere in Hinblick auf die Kleinheit des Landes beeindruckend. Auch der Finanz- und Bankensektor arbeitet professionell. Angesichts der wirtschaftlichen Entwicklung der börsennotierten österreichischen Unternehmen müssten die Aktienkurse viel höher eingestuft werden. Es bleibt zu hoffen, dass die bei Redaktionsschluss anstehenden Privatisierungen zu einer nachhaltigen Belebung des Kapitalmarktes beitragen werden.

Hypothesen zum österreichischen Kapitalmarkt aus Sicht von McKinsey (Auswahl)

ATX im Vergleich zum DAX (Januar 2000)

- Zu wenige „Stars“
- Leicht geringere Handelsvolumina eher Konsequent als Ursache
- Fehlende Übernahmephantasien
- Geringe Anzahl von Analystenberichten
- Geringere Bedeutung österreichischer Unternehmen in wichtigen Indizes

Quelle: McKinsey

Tabelle 9

Innovation und New Economy

Die Ausgaben für Forschung und Entwicklung liegen seit vielen Jahren deutlich hinter jenen vergleichbarer Staaten. Lippenbekenntnisse zu einer Erhöhung der F&E-Quote gehören zum politischen Standardrepertoire. Immerhin hat sich die F&E-Quote zwischen 1989 und 1999 um rund 0,5 Prozentpunkte auf 1,8 Prozent erhöht, ein Drittel des Zuwachses geht auf eine verbesserte statistische Erfassung zurück. Dieses Wachstum muss deutlich beschleunigt werden.

Länder, die – anders als Österreich – ihre Telekommunikation früh liberalisiert haben, wie Schweden, Großbritannien oder Finnland, sind heute bedeutsame Anbieter auf diesem Markt. Auffallend ist auch, dass in diesen liberalen Ländern weit geringere Internetgebühren verlangt werden und den Nutzern der Einstieg in diese neue Zukunftstechnologie erleichtert wird.

In traditionellen Sektoren ist Österreichs Industrie immer wieder an der Weltspitze zu finden, seltener jedoch in der Hochtechnologie. Im EU-Mittel arbeiten über 18 Prozent der Beschäftigten in technologieorientierten Branchen, in Österreich sind es nur halb soviel.

Einen wesentlichen Beitrag zur Innovationsförderung in Österreich stellen Cluster und Kompetenzzentren dar, die sich in den letzten Jahren sehr erfolgreich entwickelt haben. Viele österreichische Unternehmen profitieren von der Zusammenarbeit mit diesen Innovationszentren.

Da verhältnismäßig weniger Österreicher über einen Universitätsabschluss verfügen, steht Unternehmen weniger Forschungspersonal als in anderen Ländern zur Verfügung.

Wissenschaftliches Personal pro 10.000 Arbeitnehmer 1998	
Japan	92
USA	74
Norwegen	73
Finnland	67
Frankreich	60
Deutschland	59
Dänemark	58
Schweden	55
Kanada	54
Belgien	53
Großbritannien	50
Niederlande	46
Österreich	**34**
Italien	32
Griechenland	20

Quelle: OECD

Tabelle 10

Um die Chancen, die sich aus der New Economy für den Wirtschaftsstandort ergeben, voll zu nutzen, sind wichtige wirtschaftspolitische Weichenstellungen dringend erforderlich. Die weltweite Vernetzung der Informations- und Kommunikationstechnologien wirkt sich auf die Arbeitswelt aus und ruft nach einer weiteren Flexibilisierung der Arbeitszeit und des Arbeitsrechts. Der Computereinsatz an den Schulen ist auszubauen. Auch die öffentliche Verwaltung kann das Innovationspotential der New Economy unterstützen, indem immer mehr Bereiche des Behördenverkehrs elektronisch abgewickelt werden können.

Weiters gilt es, das kulturelle Erbe Österreichs nicht bloß zu verwalten, sondern offensiv als Content zu verbreiten und vermarkten. Wer die Möglichkeiten der New Economy wirklich nutzen will, darf den Mangel an Fachkräften im Bereich der Informations- und Kommunikationstechnologie nicht einfach hinnehmen. Bis zur Beseitigung dieses Engpasses durch eine entsprechende Neuausrichtung des Ausbildungssystems müssen aktiv Spezialisten aus dem Ausland in Österreich arbeiten dürfen (Green Card). Eine aktivere Wirtschaftspolitik in Bezug auf die New Economy würde die Standortqualität zweifellos verbessern.

Bildung

Das allgemeine Ausbildungsniveau österreichischer technischer und berufsbildender Schulen erreicht im internationalen Vergleich gute Plätze. Insbesondere die heimischen Höheren Technischen Lehranstalten sind Vorbild für andere Länder. Ihre Absolventen sind in der Wirtschaft sehr gefragt. Mit der Einrichtung der Fachhochschulen wurde ein weiterer wesentlicher Schritt zur Verbesserung der tertiären Ausbildung getan.

Auffallend sind jedoch die hohen Kosten für die Ausbildung. Nach Angaben von Eurostat kosten die österreichischen Universitäten je Studenten um knapp die Hälfte mehr als im europäischen Durchschnitt. Hinzu kommt, dass verhältnismäßig wenig Studenten ihr Studium beenden und dafür lange brauchen. Nur in den Niederlanden und Schweden werden die österreichischen Ausgaben je Studenten übertroffen.

Auch in der sekundären Ausbildung liegen die Kosten in Österreich um die Hälfte über dem europäischen Schnitt. Nur Luxemburg hat höhere Kosten. Am teuersten sind die Ausgaben je Primärschüler, für die Österreich gleich um zwei Drittel mehr als im EU-Mittel zahlt. Wieder hat nur ein Land höhere Kosten.

Zumindest hinsichtlich der Kenntnisse in Mathematik und in den Naturwissenschaften scheinen sich die Ausgaben zu lohnen, da regelmäßigen Tests zufolge österreichische Schüler stets im Spitzenfeld liegen. Dessen ungeachtet weist Österreich von allen EU-Ländern den größten Mangel an Informationstechnolgie-Fachkräften auf. Der Akademikeranteil ist vergleichsweise gering.

Schulkenntnisse in Mathematik und Naturwissenschaften nach Punkten

1. Japan
2. Tschechische Republik
3. Niederlande
4. **Österreich**
5. Ungarn
6. Belgien
7. Schweiz
8. Irland
9. Schweden
10. Großbritannien
11. Deutschland
12. Frankreich (= **EU-13**)
13. USA
14. Norwegen
15. Spanien
16. Griechenland
17. Island
18. Dänemark
19. Portugal

Quelle: OECD

Tabelle 11

Best-practices könnte Österreich hinsichtlich der Hochschulautonomie von Finnland und der Schweiz übernehmen. Die Niederlande sind weiters mit ihrem Weiterbildungsfreibetrag ein Benchmark.

Infrastruktur

Nach EU-Beitritt und Ostöffnung steht die Infrastruktur in Österreich vor neuen Herausforderungen. Beispielsweise ist das Güterverkehrsaufkommen im grenzüberschreitenden Verkehr in Österreich zwischen 1990 und 1999 von insgesamt 93 Mio. auf rund 144 Mio. Tonnen gestiegen. Das entspricht einem Plus von mehr als der Hälfte. Noch dominiert der Güterverkehr mit Westeuropa, doch steigt der Anteil der Osttransporte überproportional an.

Die vorliegenden Prognosen gehen davon aus, dass der Anteil der Bahn am Gesamtgüterverkehr bestenfalls gleich bleibt. Selbst wenn Österreich auf den Güter-Schienenverkehr setzt und dafür wichtige Gründe sprechen, darf nicht übersehen werden, dass die Schieneninfrastruktur grenzüberschreitend ausgebaut werden muss und die osteuropäischen Länder weit vom österreichischen Standard entfernt sind.

Das Straßennetz Österreichs ist im Großen und Ganzen ausgebaut. Problematisch sind jedoch die zahlreichen Lücken und Engpässe, die als schwächste Glieder die gesamte Leistungsfähigkeit verringern. Hier verzögern sich die Ausbauten und Sanierungen oft viele Jahre. Ein Beispiel dafür ist die seit Jahren diskutierte Südumfahrung Wiens.

Weiters könnte mit Verkehrsleitsystemen – wie sie etwa in Frankreich schon funktionieren – der Verkehr flüssig und so wenig belastend wie nur möglich gestaltet werden.

Weiche Standortfaktoren

Werden nur die allgemein verbreiteten Standortfaktoren betrachtet, dann könnte leicht der Eindruck entstehen, Österreich habe hohe Arbeitskosten, viel Bürokratie, einen schlummernden Finanz- und Kapitalmarkt und viele „ewige Studenten“, und es sei als Standort wenig attraktiv. Das Gegenteil ist der Fall! Was die Statistiken nicht vermitteln können, ist die ungeheure Kreativität heimischer Unternehmer und Arbeitnehmer.

- Beispielsweise hat ein österreichisches Unternehmen wartungsfreundliche Weichen entwickelt, die den Betreibern des Eurotunnels viel Geld und Zeit sparen helfen.
- Ein anderes angesehenes österreichisches Unternehmen fertigt ein ausgeklügeltes Bremssystem für den französischen Hochgeschwindigkeitszug TGV.
- Ein weiteres österreichisches Unternehmen ist europäischer Marktführer bei Druckluftkapseln für Airbags.

Bei allen drei Beispielen fließt das hergestellte Erzeugnis in ein anderes Produkt ein. Die österreichische Herkunft oder der Markenname ist für den Endkunden folglich nicht ersichtlich.

Alle drei Fallbeispiele zeigen, dass sich österreichische Unternehmen oft auf Nischenmärkte spezialisieren und sich mit ihren innovativen Ingenieurleistungen und ihrer Verlässlichkeit unentbehrlich machen.

Für Unternehmen, die auf Massenprodukte und durchschnittliche Qualität setzen, mögen Standorte in anderen Ländern attraktiver sein. Für Betriebe, die individuelle Lösungen bei hoher Qualität anbieten, bietet Österreich hingegen ein sehr gutes Standortumfeld. Insbesondere die wirtschaftliche und politische Stabilität Österreichs ist ein deutlicher Pluspunkt für den Standort. Der Schilling war mehr als zwei Jahrzehnte stabil zur harten D-Mark, der Wechsel zum Euro bedeutet einen wichtigen Schritt zur Beibehaltung der wirtschaftlichen Stärke. Arbeitsniederlegungen sind – wie zuvor bereits erwähnt – die absolute Ausnahme. Allfällige politische Proteste sind in Österreich weit zurückhaltender als in anderen Ländern, die Verbrechensrate ist niedrig, der Erholungswert und das Kulturangebot hoch. Hinzu kommt, dass die meisten Österreicher über Englisch- und andere Fremdsprachenkenntnisse verfügen und dies viele Geschäftskontakte ermöglicht.

6. Zusammenfassung

Die zunehmende räumliche Mobilität von Unternehmen und der verschärfte Wettbewerb durch die Globalisierung haben den Druck auf ein optimales Standortmanagement Österreichs erhöht. Nicht nur Standorte stehen heute im Wettbewerb, sondern auch innerhalb multinationaler Konzerne müssen sich Tochterunternehmen untereinander um neue Investitionen oder die Verlagerung von Kompetenzen bewerben. Das Gefühl, einem bestimmten Land gegenüber verpflichtet zu sein, ist gesunken. Die betriebswirtschaftliche Notwendigkeit, den Unternehmenswert zu erhöhen, ist in den Vordergrund gerückt. Ein aktives Standortmanagement für Österreich ist deshalb mehr als je zuvor gefordert.

Die isolierte Betrachtung einzelner Standortindikatoren ist wenig zielführend. Nicht eine Variable ist verantwortlich für Standortentscheidungen von Unternehmen, sondern die Qualität eines Zusammenspiels verschiedenster Standortkriterien.

Der Standort Österreich bietet ein hohes Einkommen und damit Wohlstand, Sicherheit und Stabilität, ein gutes – wenn auch teures – Bildungsniveau, motivierte, anpassungsfähige und kreative Mitarbeiter. Verbesserungsbedarf besteht insbesondere in einer Reduktion administrativer Lasten und damit einer Reform des öffentlichen Sektors. Das unternehmerische Denken und die damit verbundene Risikobereitschaft könnten stärker ausgeprägt sein. Die effektive Studiendauer muss verkürzt werden. Erste Schritte zur Budgetsanierung wurden eingeleitet.

Alles in allem ist Österreich ein attraktiver Standort. Damit das auch so bleibt, ist ein kontinuierliches Benchmarking erforderlich, bei dem Best-practices identifiziert und, wo angebracht, als Vorbild übernommen werden.

Markus Marterbauer

Herausforderungen für das europäische Modell im globalen Wettbewerb

1. Die Standortdebatte in Europa

Die Wirtschaftspolitik in Europa hat in den letzten Jahren eine erstaunliche Wendung in ihrer Schwerpunktsetzung genommen. Auf europäischer Ebene stehen die Ziele der Preisstabilität und der ausgeglichenen öffentlichen Haushalte im Mittelpunkt, Fragen der Beschäftigung und der Einkommensverteilung sind faktisch weit in den Hintergrund gerückt worden. Und das auch auf nationalstaatlicher Ebene. Dort dominiert – neben der Erfüllung der Vorgaben aus Frankfurt und Brüssel – das Problem der Wettbewerbsfähigkeit. Fast täglich wird in der Öffentlichkeit die Gefährdung des heimischen Wirtschaftsstandortes beklagt, und die Wirtschaftspolitik sieht es als eine ihrer wichtigsten Aufgaben, die „Standortbedingungen" zu verbessern. Diese Orientierung scheint über Parteigrenzen hinwegzugehen. Sie eint den deutschen Bundeskanzler Schröder, der es als seine wichtigste Aufgabe sieht, die Wettbewerbsfähigkeit der deutschen Wirtschaft zu verbessern, und den österreichischen Finanzminister Grasser, der das Land zur „Nummer 1 im internationalen Standortranking" machen will.

Und tatsächlich, die äußerst schwache Wachstumsentwicklung in Europa in den letzten zehn Jahren lässt auf massive wirtschaftliche Probleme schließen. Die europäische Wirtschaft ist zwischen 1990 und 2000 real um nur 20 Prozent gewachsen, deutlich weniger als in den Jahrzehnten zuvor und im Vergleich zu den USA (38 Prozent). Schlechter hat sich in den neunziger Jahren nur noch Japan entwickelt, dessen wirtschaftliche Stagnation zum Dauerphänomen geworden ist. Erst im Jahr 2000 ist in der EU ein Konjunkturaufschwung in Gang gekommen, dessen Dauerhaftigkeit aber mit einiger Unsicherheit behaftet bleibt. Die eklatante Abschwächung des Wirtschaftswachstums in Europa seit Mitte der 70er Jahre steht in engem Zusammenhang mit den Problemen am Arbeitsmarkt und in den öffentlichen Haushalten.

Wirtschaftswachstum in der EU, den USA, Japan und Österreich 1960 – 2000

	EU	USA	Japan	Österreich
	Bruttoinlandsprodukt, real Durchschnittliches jährliches Wachstum in %			
ø 1960 / 1970	+ 4,8	+ 4,2	+ 10,1	+ 4,5
ø 1970 / 1980	+ 3,0	+ 3,1	+ 4,4	+ 3,6
ø 1980 / 1990	+ 2,4	+ 3,2	+ 4,0	+ 2,3
ø 1990 / 2000	+ 2,0	+ 3,3	+ 1,2	+ 2,1

Quelle: OECD, WIFO

Tabelle 1

Die beliebteste Erklärung in Presse und Politik für die Wachstumsschwäche ist – wie erwähnt – die mangelnde Wettbewerbsfähigkeit Europas gegenüber dem Rest der Welt. Dieses Argument ist kein neues. Es fand schon in der Vergangenheit immer wieder Verwendung. In den 80er Jahren wurde die grenzenlose Überlegenheit des auf Hochtechnologie aufbauenden japanischen Modells gegenüber dem „sklerotischen Europa" beschworen. Die „japanische Gefahr" wurde aber rasch vergessen, als das Land in eine Krise stürzte, die nun seit mehr als zehn Jahren anhält. In der ersten Hälfte der 90er Jahre war es beliebt, die unüberwindlich hohe Konkurrenzkraft der „Tigerstaaten" Südostasiens, die nicht durch hohe Sozialleistungen und Löhne belastet seien, zu beklagen. Nach der tiefen Wirtschafts- und Finanzkrise Südostasiens 1997/1998 hat auch diese Region als Drohpotenzial ausgedient. Nun hat sich der Blickwinkel weiter verschoben: Heute wird die mangelnde Konkurrenzfähigkeit Europas gegenüber dem „Wachstums- und Beschäftigungswunder" USA beschworen. Die US-Wirtschaft sei durch flexible Arbeitsmärkte, niedrige Löhne und Sozialleistungen, einen niedrigen Staatsanteil, freies Unternehmertum und rasche technologische Innovation gekennzeichnet. Und Europa müsse sich, um wirtschaftlich überleben zu können, an diesem Vorbild orientieren. Dieses Argument wird so lange gelten, bis sich auch das hohe Wirtschaftswachstum in den USA wieder deutlich abschwächt, worauf verschiedene Indikatoren bereits hindeuten. Man darf annehmen, dass dann – wie bereits in der Vergangenheit – weniger eine Analyse der Ursachen der Krisen der Weltwirtschaft im Mittelpunkt stehen wird, als die Suche nach einer neuen Region, die eine wirtschaftliche

Gefahr für Europa bedeutet und eine restriktive Wirtschaftspolitik notwendig macht.

In der Zwischenzeit werden als Rezepte für die Wiedererlangung der Konkurrenzfähigkeit in Europa nach dem Vorbild der USA Unternehmenszusammenschlüsse, Deregulierung und Flexibilisierung, Kostensenkungen, ein Abbau des „überbordenden Sozialstaates", Zurückhaltung bei den Löhnen und Lohnnebenkosten sowie eine massive Kürzung der staatlichen Ausgaben empfohlen.

Ohne Zweifel ist in einer modernen Marktwirtschaft die Erhaltung der Wettbewerbsfähigkeit des Standorts eine zentrale und stets berücksichtigenswerte Aufgabe für Unternehmensführung, Arbeitnehmervertreter und Politik. Die laufende Gefährdung einzelner wenig produktiver Unternehmen oder Regionen gehört ja gerade zu den prägenden Charakteristika einer Marktwirtschaft! Und das hat nicht nur kurzfristig unangenehme Folgen (für den betroffenen Betrieb, die Arbeitnehmer und die Region), sondern kann auch langfristig erfreuliche Effekte für die Volkswirtschaft insgesamt haben. Denn dieser dauernde Konkurrenzdruck bildet den Ansporn zu Erneuerung und Innovation und stellt damit eine wichtige Triebkraft für eine dynamische Wirtschaftsentwicklung dar.

Im Wesentlichen lassen sich zwei Strategien der Erhaltung und Verbesserung der Konkurrenzfähigkeit des Wirtschaftsstandortes – eines einzelnen Betriebes, einer Region oder einer Volkswirtschaft – unterscheiden: die Erweiterungs- und die Kürzungsstrategie.

1. *Die Erweiterungsstrategie:* Einzelne Wirtschaftsstandorte können versuchen, ihre Attraktivität durch Innovation zu verbessern. Verstärkte Investitionen in Forschung und Entwicklung, eine Verbesserung des Ausbildungsstandes der Arbeitskräfte, eine höhere Qualität der Arbeitsumwelt gehören ebenso zu dieser Strategie, wie die laufende Ausweitung der Märkte. Die Orientierung ist in diesem Fall eine langfristige. Die Produktivität des Wirtschaftstandortes soll so gesteigert werden, dass über bessere Produkte und bessere Produktionsverfahren die dauerhafte Absicherung und Expansion des Produktionsstandortes gegeben ist. Diese Orientierung ist auch eine offensive, weil auf eine Ausweitung der Produktion

gesetzt wird. Wachstum durch Erneuerung und Fortschritt. Diese Strategie prägte die 50er und 60er Jahre. Unternehmen investierten angesichts knapper Ressourcen und Arbeitskräfte in den technologischen Fortschritt und führten soziale Verbesserungen ein, um Arbeitskräfte zu binden (von Betriebskindergärten bis Abfertigungen). Die Wirtschaftspolitik baute die öffentliche Infrastruktur im Verkehrs- und Kommunikationsbereich aus und investierte in das Bildungs- und Sozialsystem, um breiten Wohlstand und damit gesellschaftlichen Fortschritt und gesamtwirtschaftliche Nachfrage zu generieren.

2. *Die Kürzungsstrategie:* Konkurrenzfähigkeit kann aber auch durch eine Strategie der Kostenkürzung erreicht werden. Der Abbau von Ineffizienzen, die Senkung von Personalausgaben, die Streichung von „unnotwendigen" Leistungen oder Belastungen senken bei gegebener Nachfrage die Produktionskosten und erhöhen damit die Konkurrenzfähigkeit gegenüber anderen Wirtschaftseinheiten. Die Orientierung ist in diesem Fall kurzfristig und passiv. Es stehen nicht die Erhaltung und der Ausbau der Stärken des Wirtschaftsstandortes im Vordergrund, sondern die Senkung der Kosten der bestehenden Produktion. Diese Strategie kennzeichnet die 80er und 90er Jahre: Unternehmen bauen – vielfach unter dem Druck der Aktienmärkte, die kurzfristige Dividenden sehen wollen – Personal ab, Staaten kürzen ihre Investitionen in die Infrastruktur und ihre Ausgaben für das Gesundheits- und Sozialsystem.

Zur Zeit weist vieles darauf hin, dass die Kürzungsstrategie die bestimmende Form der betrieblichen und gesamtwirtschaftlichen Politik auch zu Beginn des 21. Jahrhunderts bildet. Es ist deshalb zu befürchten, dass die Zeiten schwachen Wirtschaftswachstums, mit all den Folgeproblemen auf Arbeitsmärkten und in den öffentlichen Haushalten anhalten. Diese wirtschaftspolitische Orientierung wird vor allem durch das Schlagwort der „Globalisierung" verstärkt, das den Eindruck erweckt, als würden die weltwirtschaftlichen Konkurrenzkämpfe an Bedeutung gewinnen und nur durch Einschränkungen in jeder Hinsicht bewältigbar sein. Psychologen könnten gewiss interessante Schlussfolgerungen aus der ständigen Predigt einer Kultur des Zurückhaltens, Einschränkens, Kürzens und Sparens im öffentlichen Diskurs liefern, doch das ist hier nicht das Thema.

2. Globalisierung – reale Entwicklung oder Mythos?

Ohne Zweifel hat die Internationalisierung von Märkten und Unternehmen die Nachkriegsentwicklung gekennzeichnet. Sie war begleitet von steigendem Wohlstand. In der „goldenen Ära" der 60er Jahre wurde fortschreitende wirtschaftliche Integration als eine Voraussetzung für den weiteren Ausbau des Wohlfahrtsstaates angesehen. In den 90er Jahren hingegen hat der Begriff der Internationalisierung und Globalisierung eine neue Bedeutung bekommen. Globalisierung wird heute als Bedrohung für die reichen Länder angesehen und eine Zurückdrängung des Fortschritts der letzten Jahrzehnte in Form des umfassenden Wohlfahrtsstaates und einer gerechten Einkommensverteilung wird als notwendige Antwort darauf verstanden.

Ob die viel beschworene Globalisierung wirklich stattfindet, bildet allerdings eine nicht leicht zu beantwortende Frage. Aus europäischer Sicht hat sich die Internationalisierung des Außenhandels mit Waren und Dienstleistungen in jüngster Zeit kaum intensiviert. Und betrachtet man die außenwirtschaftlichen Kennzahlen Europas, so lässt daraus wenig auf eine mangelnde Konkurrenzfähigkeit der europäischen Wirtschaft schließen. Die EU-Länder wiesen 1999 im Handel mit Gütern und Dienstleistungen einen positiven Saldo von 94,8 Mrd. Euro (1,2 Prozent des BIP) gegenüber dem Rest der Welt auf. Die EU hat also einen Überschuss in der außenwirtschaftlichen Bilanz. Europa ist offensichtlich durchaus in der Lage, im internationalen Wettbewerb mit den flexibilisierten Billiglohnländern Schritt zu halten. Auffallend ist für den Laien aber auch die überraschend geringe außenwirtschaftliche Verflechtung der europäischen Volkswirtschaft. Während kleine Länder wie Österreich fast die Hälfte ihrer erzeugten Güter und Dienstleistungen exportieren (und etwa ebenso viel importieren) beträgt die Exportquote der EU insgesamt nur 12 Prozent des BIP. Fast neun Zehntel aller in der EU erzeugten Güter und Dienstleistungen werden in der EU selbst wieder verbraucht! Und der Außenhandel der EU findet auf Ex- und Importseite im Wesentlichen mit anderen hochentwickelten Industrieländern statt.

Diese Daten weisen darauf hin, dass das zentrale Ziel jeden Wirtschaftens, die Wohlstandsschaffung und –mehrung, in Europa primär von der Wirtschaftsentwicklung innerhalb des Binnenmarktes, also von der Inlandsnachfrage der Konsumenten und Investoren, abhängig ist. Die Auslandsnachfrage und damit die Wettbewerbsfähigkeit auf den internationalen Märkten spielt zwar eine wichtige Rolle für einige Schlüsselindustrien, wird in ihrer Gesamtbedeutung aber gemeinhin überschätzt.

Internationale Direktinvestitionen stellen eine zweite Form der Globalisierung dar. Die Position der EU ist hier aktiv. Das heißt, sie investiert mehr – in Osteuropa oder den USA – als umgekehrt. Das sichert langfristig Einkommen in der EU und ist ein Ausdruck der Stärke der europäischen Wirtschaft.

Ein dritter Aspekt der Globalisierung betrifft die Migration. Westeuropa ist aufgrund seines hohen Einkommensniveaus ohne Zweifel eine interessante Destination. Steigendes Arbeitskräfteangebot kann langfristig positive wirtschaftliche und soziale Folgen haben, insbesondere in der künftigen Finanzierung der europäischen Pensionssysteme. Wenn hingegen die Zuwanderung sehr rasch erfolgt – wie etwa nach der Ostöffnung zu Beginn der 90er Jahre – oder die gesellschaftliche Integration der Neuankommenden nicht versucht wird oder nicht glückt, können damit auch erhebliche Probleme auf dem Arbeitsmarkt und in anderen gesellschaftlichen Bereichen verbunden sein.

Transnationale Unternehmen bilden einen vierten Aspekt der Globalisierung. Der Binnenmarkt hat zu einer Intensivierung von Mergers and Acquisitions beigetragen und die Privatisierungspolitik tut das Übrige. Diese Entwicklung ist vor allem mit der Gefahr des Entstehens mächtiger Monopole und ihren negativen ökonomischen (hohe Preise, schlechte Leistungen) und politischen (Machtkonzentration) Auswirkungen verbunden.

Eine fünfte Dimension bildet die Internationalisierung der Information. Die Revolution in den Kommunikationstechnologien eröffnet neue Möglichkeiten des Informationstransfers, der Debatte, des Gedankenaustauschs, aber auch neue Chancen für Konsum und Handel. Sie werden die Zukunft der Arbeit entscheidend beeinflussen. Technische Innovationen hat es allerdings auch in der Vergangenheit gegeben und es muss zur Zeit ungeklärt bleiben, ob man wirklich von einer „New Economy“ sprechen kann.

Die sechste – und wirtschaftspolitisch bedeutendste – Dimension der Globalisierung bildet die Entwicklung auf den internationalen Finanzmärkten. Finanzinnovationen und eine bewusste Politik der Deregulierung haben die internationalen Finanzmärkte zu einem fast vollständig liberalisierten Markt gemacht, wie er in den ökonomischen Lehrbüchern beschrieben wird. Die Auswirkungen der Liberalisierung folgen allerdings – wie so oft – nicht ganz den Lehrbuchvorgaben. Zwar ist vielen unterentwickelten Ländern der Zugang zu Kapitalimporten ermöglicht worden, die Deregulierung bildet aber auch die unmittelbare Ursache für alle spekulativen Finanzkrisen, die heute weltweit schon fast zum Alltag gehören. Die großen Wirtschaftskrisen, die vielfach mit Armut und sozialer Ausgrenzung verbunden waren, gingen in den letzten zwanzig Jahren fast ausschließlich von den Finanzmärkten und der Geldpolitik aus.

In den 90er Jahren hat sich allerdings auch eine andere Bedeutung des Begriffs Globalisierung herausgebildet, die fast unabhängig von Vorgängen in der realen Welt ist, aber mindestens ebenso wichtig. Das betrifft die Bedeutung der „Globalisierungsdrohung" in der politischen und ökonomischen Auseinandersetzung. Das Globalisierungsargument spielt eine große Rolle im Versuch, den europäischen Wohlfahrtsstaat zurückzudrängen, das Arbeits- und Sozialrecht zu verschlechtern und den Einfluss des Staates zu vermindern. Der französische Soziologe Pierre Bourdieu hat dies als „Mythos Globalisierung" bezeichnet. Obwohl meist nicht durch ökonomische Fakten gedeckt, hat dieser Aspekt eine Dominanz in der politischen Auseinandersetzung gewonnen.

3. Die gesamtwirtschaftliche Nachfrage – Bremse oder Motor der Wirtschaftsentwicklung?

Es wurde bereits betont, dass die laufende Erhaltung und Verbesserung der Wettbewerbsfähigkeit in einer Marktwirtschaft zu einer dauernden Aufgabe gehört. Eine hohe Wettbewerbsfähigkeit schafft aber erst einen wichtigen Parameter für eine Ausweitung der Produktion. Für die tatsächliche Erbringung von Wirtschaftsleistung ist nicht allein Konkurrenzfähigkeit notwendig, sondern vor allem das Vorhandensein einer ausreichend großen Nachfrage nach Gütern und Dienstleistungen.

Erst wenn die entscheidende Ausweitung der Nachfrage nach Produkten gegeben ist, kann die Produktion auch in hochprofitablen Betrieben noch gesteigert werden. Erhöhung der Konkurrenzfähigkeit ohne Nachfrageausweitung ist deshalb nur ein Kampf um Marktanteile. Was Betrieb oder Volkswirtschaft A an Produktion gewinnen, verlieren Betrieb und Volkswirtschaft B. Wenn hingegen die Nachfrage insgesamt steigt, dann wird der wettbewerbsstarke Betrieb A einen großen Teil des Zuwachses auf sich ziehen können. Aber auch Betrieb B wird seinen Ausstoß halten oder leicht steigern können. Insgesamt steigen damit Produktion, Beschäftigung, Einkommen und Wohlstand.

Egon Matzner und Jan Kregel haben in einem 1995 erschienen Artikel, der die Debatte um die Gefährdung des Industriestandorts Deutschland zum Inhalt hatte, das treffende Bild der deutschen Schiffsflotte, die in der ersten Hälfte der 90er Jahre markant an Tempo verloren hat, verwendet. Die deutsche Politik geht beherzt an das Problem heran. Im Trockendock werden Effizienz und Flexibilität erhöht, Kosten gesenkt und die Leistungsfähigkeit gesteigert. Die deutschen Schiffe strahlen in neuem Glanz und in überlegener Modernität.

Allein, wieder im Wasser, stellt sich heraus, dass die Flotte dennoch viel langsamer vorankommt als gewohnt. Schließlich wird klar, was die tiefere Ursache der verhaltenen Fahrt bildet. Der Wasserstand ist einfach zu niedrig, um ein rasches Fortkommen selbst der hochproduktivsten Schiffe zu gewährleisten. Die Wirtschaftspolitik hat nicht an den richtigen Schrauben gedreht. Hohe Zinsen und restriktive Budgetpolitik haben die Nachfrage nach Gütern und Dienstleistungen (den Pegelstand in den Kanälen) so stark eingeschränkt, dass selbst den produktivsten Unternehmen eine deutliche Produktionsausweitung (eine rasche Fahrt) verunmöglicht wurde. Das bedeutet nichts anderes als einen willkürlichen Verzicht auf Wachstum, Beschäftigung und Wohlstand.

Welche Möglichkeiten hat nun die Wirtschaftspolitik, dafür zu sorgen, dass ein ausreichendes Niveau an Nachfrage nach Gütern und Dienstleistungen besteht, um eine volle Auslastung der Kapazitäten der Unternehmen und Vollbeschäftigung der Arbeitskräfte zu gewährleisten? Hier gilt es, die Determinanten aller vier großen Nachfrageaggregate – Auslandsnachfrage, privater Konsum, Investitionen, Staatsnachfrage – zu untersuchen. Der Export wird durch die Wirtschaftsentwicklung bei den Handelspartnern und die Wettbewerbsfähigkeit – bestimmt vor allem durch den Wechselkurs der Währung – beeinflusst. Der private Konsum ist abhängig von der Entwicklung der verfügbaren Einkommen und der Konsumneigung der Haushalte. Die Investitionen werden durch die Zukunftserwartungen der Unternehmen bestimmt.

3.1. Kooperation führt zu intensiverem Außenhandel

In der Betriebswirtschaft ist das Konkurrenzprinzip vorherrschend: „Wenn es meinem Mitbewerber schlecht geht, ist das gut für mich". Dieses Prinzip gilt in der Volkswirtschaft nicht. Vielmehr kommt hier ein anderer Grundsatz zum Tragen: „Wenn es meinem Handelspartner gut geht, dann geht es mir auch gut". Die wichtigste Determinante der europäischen Ausfuhren bildet die Nachfrageentwicklung bei den Handelspartnern. Der Wirtschaftsboom in den USA in der zweiten Hälfte der neunziger Jahre etwa bildete einen wesentlichen Impuls für das Wachstum in Europa und ein entscheidendes Gegengewicht zur – bedingt durch restriktive Geld- und Budgetpolitik – geschwächten Inlandsnachfrage.

Für die europäische Wirtschaftspolitik bieten sich zwei zentrale Schlussfolgerungen an:

1. *Der Transformations- und Aufholprozess Osteuropas muss kräftig unterstützt werden.* Je rascher Osteuropa wächst, desto besser für die EU. Denn in den osteuropäischen Ländern schlummert ein riesiges, teils noch ungewecktes Nachfragepotenzial. Schon heute kaufen die Osteuropäer wesentlich mehr westliche Konsum- und Investitionsgüter als umgekehrt. Das kommt im hohen Leistungsbilanzdefizit gegenüber der EU zum Ausdruck. Mit steigendem Einkommen in Osteuropa wächst die Nachfrage nach Gütern aus dem Westen. Was kann der Westen zur Beschleunigung des Aufholprozesses der osteuropäischen Länder beitragen? Ein Element bildet sicher die Erwartungsstabilisierung in politischer und wirtschaftlicher Hinsicht. Konkrete Pläne für einen EU-Beitritt spielen hier eine große Rolle. Es geht dabei weniger um einen raschen Beitritt, als um die Sicherheit eines Beitritts, sobald ein Anpassungsprozess erfolgt ist. Durch diese Erwartungsstabilisierung werden westliche Direktinvestitionen in Osteuropa ausgelöst. Ein weiteres Element bildet der Ausbau der Verkehrsinfrastruktur, die West- und Osteuropa verbindet. Hier bestehen nach wie vor große Defizite.

2. *Auf internationaler Ebene wäre das Prinzip eines symmetrischen Anpassungsmechanismus zu etablieren.* Wenn eine Volkswirtschaft heute Leistungsbilanzdefizite aufweist (wie Osteuropa oder die Entwicklungsländer) und eine andere Volkswirtschaft (die EU) Überschüsse, so gilt ein asymmetrischer Anpassungsmechanismus: Das Defizitland wird (vom Internationalen Währungsfonds oder von „den Finanzmärkten") zu einer Drosselung seiner Nachfrageexpansion, das heißt zu einem Wachstumsverzicht gezwungen. Für das Überschussland gibt es keine Auflagen. Dies wirkt insgesamt wachstumsdämpfend. Notwendig wäre ein Mechanismus, der das Überschussland zu stärkerer Nachfrageexpansion (Ausweitung der Binnennachfrage zum Abbau des Leistungsbilanzüberschusses) zwingt. Verhandlungen über Möglichkeiten zur Etablierung eines symmetrischen, wachstumsfördernden Anpassungsmechanismus müssen auf internationaler Ebene aufgenommen werden.

3.2. Der Wechselkurs des Euro als wesentlicher Standortfaktor

Die außenwirtschaftliche Performance kann einen wesentlichen Motor für die konjunkturelle Entwicklung in Europa spielen. Der Konjunkturaufschwung entsteht oft durch eine Belebung der Warenexporte, vor allem der Ausfuhren in die USA. In diesem Zusammenhang spielt ein Faktor eine entscheidende Rolle, der auch in engem Konnex zur Konkurrenzfähigkeit europäischer Produkte auf den internationalen Märkten steht: der Wechselkurs der Währung. Die Abwertung des Euro gegenüber dem US-Dollar um fast ein Viertel seit Jahresbeginn 1999 hat der europäischen Exportwirtschaft gewaltige Kostenvorteile auf den internationalen Märkten gebracht. Sie hat – mit einer gewissen Zeitverzögerung – zusammen mit dem hohen Wirtschaftswachstum in den USA – entscheidend zur markanten Ausweitung der Produktion beigetragen.

Was bestimmt den Wechselkurs des Euro zum Dollar? Im wesentlichen sind es drei Einflussfaktoren: Die Unterschiede im Wirtschaftswachstum, die Differenz in den Zinssätzen und die Spekulation auf den Finanzmärkten. Das hohe Wirtschaftswachstum in den USA bildet nicht nur den primären Bestimmungsgrund für den beeindruckenden Rückgang der Arbeitslosigkeit und die bemerkenswerten Budgetüberschüsse, sondern es zieht auch zusätzliches vagabundierendes Kapital, das auf der Suche nach renditetragenden Anlagemöglichkeiten ist, an. Damit ist eine Aufwertung des US-Dollar verbunden. Die günstige Wirtschaftsentwicklung in den USA hat – bislang unberechtigte – Inflationssorgen ausgelöst und die US-Notenbank zu Zinserhöhungen veranlasst. Die Zinssätze in den USA sind um etwa 2,5 Prozentpunkte höher als im Euro-Raum. Dies verstärkt die Anreize, Kapital in den USA anzulegen und stärkt damit den Dollar gegenüber dem Euro.

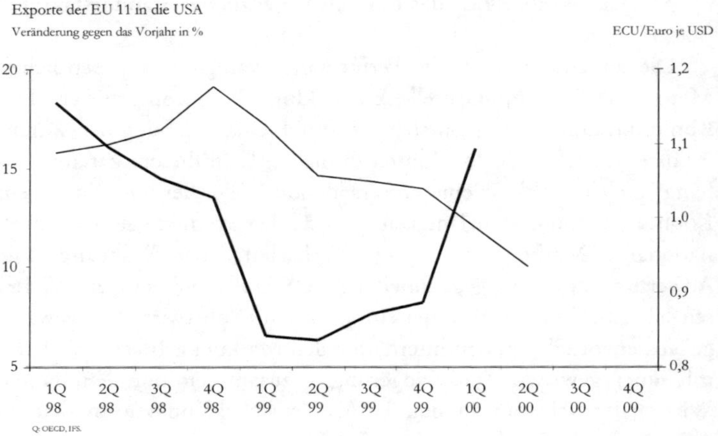

Abbildung 1: Wechselkurs und Außenhandel (1. Quartal 1998 – 4. Quartal 2000)

Die Abwertung des Euro hat die Konkurrenzfähigkeit der europäischen Exportwirtschaft erheblich verbessert und einen wahren Investitionsboom ausgelöst. Der schwache Euro ist für die europäische Wirtschaft so wohltuend wie ein warmer Sommerregen. Er ist ganz im Sinne der produzierenden Wirtschaft und der arbeitssuchenden Bevölkerung. Er widerspricht allerdings massiv den Interessen der Finanzanleger und Rentiers, deren Vermögen in Europa gemessen in US-Dollar drastisch an Wert verloren hat. Die Euroschwäche dient damit nicht der Strategie, den Euro als internationale Anlagewährung zu etablieren. Aber die ökonomischen (wenn auch nicht die politischen) Interessen von Finanzwirtschaft und Realwirtschaft widersprechen einander eben meist grundsätzlich.

Was kann die Wirtschaftspolitik dazu beitragen, um diese Konstellation eines günstigen Wechselkurses, der die Wettbewerbsfähigkeit Europas erhöht und Wirtschaftswachstum und Beschäftigung fördert, beizubehalten? Im Wesentlichen steht dafür das Instrument der Zinspolitik zur Verfügung. Niedrige Zinsen helfen nicht nur direkt, günstige Rahmenbedingungen für produktive Investitionen zu schaffen, sondern tragen vor allem über den Wechselkurs zu einem Aufschwung für Export und Gesamtwirtschaft bei. Der Europäischen Zentralbank (EZB) kommt also eine erhebliche Verantwortung für eine gedeihliche Entwicklung von Wirtschaft und Beschäftigung zu. Der schwache Euro bildet einen wesentlichen Standortvorteil für Europa im globalen Wettbewerb.

3.3. Umverteilung stärkt Konsumnachfrage

Die Konsumnachfrage der privaten Haushalte stellt die größte aller Nachfragekategorien dar. In den entwickelten Industrieländern kommen mehr als 50 Prozent der Gesamtnachfrage direkt von den privaten Haushalten. Die zentrale Determinante der Konsumausgaben bildet das verfügbare Einkommen. Je rascher sich die verfügbaren Einkommen ausweiten, desto stärker wächst der Konsum.

In der eindrucksvollen Expansion der US-Wirtschaft in den 90er Jahren spielt das Wachstum der Ausgaben der privaten Haushalte (neben der Investitionsausweitung) die größte Rolle. Sicher hat die gute Beschäftigungsentwicklung zum Wachstum der verfügbaren Einkommen beigetragen. Der Konsum ist aber noch viel rascher gestiegen als die Einkommen. Das bedeutet, der Sparanteil am verfügbaren Einkommen ist drastisch zurückgegangen. Betrug die Sparquote der privaten Haushalte Anfang der 90er Jahre noch mehr als 8 Prozent, so wird heute im Durchschnitt nur knapp 1 Prozent der verfügbaren Einkommen gespart.

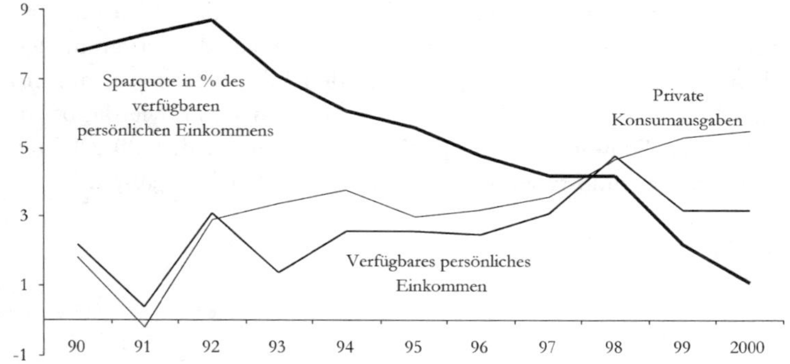

Abbildung 2: Konsum- und Sparverhalten in den USA

Die Ursache für diese Entwicklung ist relativ klar. In den USA ist die Finanzanlage auf den Aktienmärkten viel stärker verbreitet. Der dramatische Anstieg der Aktienkurse – die Börsenwerte haben sich seit 1995 mehr als vervierfacht – hat nun zwei Effekte: Einerseits bescheren die Kurssteigerungen beim Verkauf der Aktien den Anlegern erhebliche Gewinne und die Erträge aus Finanzanlagen (Dividenden) sind hoch. Und andererseits fühlen sich die Haushalte aufgrund des gestiegenen Wertes ihrer Aktiendepots subjektiv reicher, selbst wenn die Gewinne nicht realisiert sind (und möglicherweise nie realisiert werden können). Beide Effekte führen zu höherem Konsum und zu einem Rückgang der Sparquote.

Dies ist kurzfristig erfreulich, weil es die Konsumnachfrage, damit die Produktion von Gütern und Dienstleistungen und die Beschäftigung fördert. Mittelfristig bringt diese Entwicklung allerdings erhebliche Risken mit sich. Die Kurse auf den US-Börsen werden weithin als deutlich überhöht eingeschätzt. Sie decken sich nicht mehr mit den zugrundeliegenden Unternehmenswerten und sind durch reine Spekulation entstanden. Das beste Beispiel hierfür bilden die Internet-Unternehmen. Kommt es nun zu einem Kurseinbruch auf den Aktienmärkten – unbedeutend erscheinende äußere Faktoren können als Auslöser genügen – so bricht der Konsumboom zusammen. Nähert sich die Sparquote wieder ihrem mittelfristigen Durchschnittswert von 5-6 Prozent des verfügbaren Einkommens, so bedeutet das einen drastischen Einbruch in der Konsumnachfrage und in Folge des US-Wachstums. Das amerikanische Wirtschaftswunder ist also zum Teil auf irrationaler Spekulation gebaut und steht damit auf unsicheren Füssen. Dies (und andere Schwächen, wie jene der extrem ungleichen Einkommensverteilung) wird in den Jubelmeldungen, die uns täglich erreichen, kaum berücksichtigt. Ebenso wenig wie die offensichtlichen Schwächen des japanischen Systems in den 80er Jahren oder jene der südostasiatischen Tigerländer in den 90er Jahren.

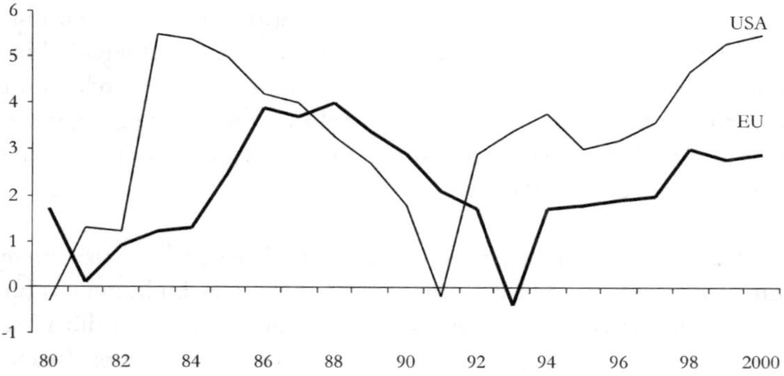

Abbildung 3: Entwicklung des privaten Konsums in der EU und in den USA

Europa hat dieses Problem deutlich sinkender Sparquoten nicht. Der Konsum der privaten Haushalte hat sich in den 90er Jahren nur sehr schwach entwickelt. Er ist im Durchschnitt real um 1,8 Prozent pro Jahr gestiegen. Ursachen für die Zurückhaltung in der Nachfrage der privaten Haushalte bildeten die mageren Steigerungen der Löhne, die restriktive Budgetpolitik, die durch Kürzungen der Sozialausgaben das verfügbare Einkommen dämpfte, und die schwache Beschäftigungsentwicklung. Allerdings sind die Sparquoten der privaten Haushalte nach wie vor sehr hoch. Aus gesamtwirtschaftlicher Sicht würden etwas niedrigere Sparquoten in Europa erhebliche Vorteile mit sich bringen.

Eine Absenkung der privaten Sparquote nach amerikanischem Muster – d.h., durch destabilisierende Spekulation und verstärkte Verschuldung der Haushalte – wäre allerdings nicht wünschenswert. Es gibt aber auch ökonomisch vernünftige Möglichkeiten, den durchschnittlichen Sparanteil der privaten Haushalte zu senken und so die Konsumnachfrage zu fördern. Diese Idee entspringt daraus, dass sich die Sparneigung zwischen den Einkommensschichten stark unterscheidet. Das obere Einkommensdrittel gibt etwa ein Viertel seines Einkommens für Finanzanlagen aus, nur drei Viertel werden konsumiert. Das untere Einkommensdrittel hingegen konsumiert mehr als 100 Prozent seines verfügbaren Einkommens. Junge Haushalte verschulden sich für Wohnzwecke oder erhalten innerfamiliäre Transfers von der älteren Generation. Den oberen Einkommensschichten hingegen bleibt laufend nicht gebrauchtes Geld übrig. Eine Umverteilung von Einkommen vom oberen Einkommensdrittel zum untersten Einkommensdrittel führt also nicht nur zu einer „gerechteren" Einkommensverteilung, sondern bewirkt auch, dass im Durchschnitt mehr Geld für Konsum ausgegeben wird und die Sparneigung sinkt. Das hat nachfragebelebende Effekte und bietet Potenziale für eine Ausweitung der Produktion.

Dazu kommt ein weiterer erfreulicher Nebeneffekt. Das untere Einkommensdrittel gibt einen höheren Anteil seines Einkommens für Wohnungsmieten, Nahrungsmittel und andere Grundbedürfnisse aus, also Güter und Dienstleistungen, die im wesentlichen im Inland erzeugt werden. Das obere Einkommensdrittel hingegen konsumiert verhältnismäßig mehr Auslandsreisen und kauft importierte Luxusgüter. Eine Umverteilung bewirkt deshalb nicht nur positive Impulse für die Nachfrage insgesamt, sondern auch für jene nach Inlandsgütern. Zwei Fliegen auf einen Schlag.

Umverteilung hat also sehr positive gesamtwirtschaftliche Effekte. Sie kann natürlich durch staatliche Maßnahmen erfolgen – Erhöhung der Transfers für die unteren Einkommensschichten finanziert durch Erhöhung der Steuern für die oberen Einkommensschichten. Sie findet aber auch eine wichtige Grundlage in der Lohnpolitik. Zum einen muss eine gesamtwirtschaftlich ausgerichtete Lohnpolitik dafür sorgen, dass nicht nur die – zweifellos wichtige – Rolle der Löhne als Kostenfaktor Berücksichtigung findet, sondern auch die zentrale Rolle der Löhne als Nachfragefaktor. Als geeigneter Ansatzpunkt hat sich eine produktivitätsorientierte Lohnpolitik erwiesen. Steigen die Löhne im Ausmaß des gesamtwirtschaftlichen Produktivitätswachstums, so bleiben die Löhne pro erzeugter Produktionseinheit („Lohnstückkosten") konstant, die Einkommen steigen aber entsprechend. Zum anderen ist die Verteilung der Lohnzuwächse innerhalb der abhängig Beschäftigten ein gesamtwirtschaftlich wichtiger Faktor. Eine „Solidarische Lohnpolitik" sollte als konsequente Mindestlohnerhöhungspolitik verstanden werden. Die Einkommensverteilung innerhalb der unselbständig Beschäftigten weist eine stetige Tendenz zur ungleicheren Verteilung auf. Dem kann vor allem mit einer beherzten Erhöhung der Mindestlöhne – sehr kurzfristig etwa durch die kollektivvertragliche Einigung auf einen Mindestlohn von 1.000 Euro – begegnet werden.

Österreich weist innerhalb der Industrieländer im langfristigen Vergleich eine besonders stetige Entwicklung des Konsums auf. Dies ist eine der wesentlichsten Ursachen für die besonders stabile gesamtwirtschaftliche Entwicklung und die relativ niedrige Arbeitslosigkeit. Dazu haben der umfassende Wohlfahrtsstaat, die makroökonomisch ausgerichtete Lohnpolitik der Sozialpartner, die antizyklische Budgetpolitik und die aktive Beschäftigungspolitik wesentlich beigetragen.

3.4. Vertrauen in eine stabile Wirtschaftsentwicklung belebt die Investitionen

Die Investitionstätigkeit ist der entscheidende Faktor für die wirtschaftliche Dynamik. Welche Kriterien die Höhe der Investitionen bestimmen, bleibt eine der interessantesten und umstrittensten Fragen der Ökonomie. Empirisch lässt sich die allgemeine Schlussfolgerung ziehen, dass die Investitionen primär von den Absatzerwartungen der Unternehmen, den Profiten und den Finanzierungskosten abhängen. Wenn Profite und Nachfrageerwartungen gut sind, sind die Firmen bereit zu investieren und dafür Kredite aufzunehmen. Verschlechtern sich hingegen die Erwartungen, dann werden Investitionsprojekte abgesagt oder verschoben. Bei gegebenen Erwartungen spielen selbstverständlich die Finanzierungskosten eine wichtige Rolle.

Wirtschaftspolitik übt einen erheblichen Einfluss auf die Investitionsdynamik aus. Sie kann zum einen über erwartungsstabilisierende Elemente (antizyklische Fiskalpolitik, gesamtwirtschaftlich ausgerichtete Lohnpolitik u.a.) eingreifen: Je niedriger die Zinssätze, die die Zentralbank setzt, desto höher fallen die Investitionen aus. Zum anderen kann die Wirtschaftspolitik positive Rahmenbedingungen für Investitionen schaffen. Das ist insofern von besonderer Bedeutung, als dadurch auf die Entscheidung der Kapitalbesitzer zwischen realer Investition und spekulativer Finanzanlage starker Einfluss möglich ist.

3.5. Tragende Rolle des Staates für die wirtschaftliche Dynamik

Dem Staat kommen in einer modernen Volkswirtschaft Aufgaben von erheblicher Bedeutung zu. Sie können hier nur kurz angerissen werden und bestehen in drei Bereichen: in der Allokation, der Distribution und der Stabilisierung.

Die *Allokationsaufgaben des öffentlichen Sektors* betreffen die Bereitstellung von Infrastruktur im weiteren Sinn. Darunter ist nicht nur die Verkehrs- und Kommunikationsinfrastruktur zu verstehen, sondern auch die Bereitstellung jener öffentlicher Güter, die ohne Staatseingriff nicht oder nicht in geeignet erscheinender Qualität oder geeignetem Umfang entstehen würden. Dazu zählen ein allgemeines Bildungssystem, ein Informationssystem, das Gesundheitswesen, die soziale Absicherung, die Umweltsituation usw.

Die *Distributionsaufgaben des Staates* wurden bereits angesprochen. Marktwirtschaften tendieren zu einer Ausweitung der Einkommensungleichheit, damit ist auch eine Ungleichheit in der gesellschaftlichen Partizipation verbunden. Der Staatseingriff soll nicht nur für mehr „soziale Gerechtigkeit" sorgen und so die soziale und gesellschaftliche Entwicklung stabilisieren. Er ist auch aus ökonomischen Gründen wichtig. Gleichere Einkommensverteilung führt zu mehr Wachstum und Beschäftigung.

Mit der *Stabilisierungspolitik* kann der Staat, vor allem wenn – wie in Österreich in den 70er Jahren – eine antizyklische Budgetpolitik gelingt, einen erheblich positiven Einfluss auf die Wirtschaftsentwicklung haben. Eine stabile – nicht von starken Konjunkturschwankungen gekennzeichnete – Wirtschaftsentwicklung ist langfristig erfolgreich. Sie kommt den Investoren zugute und verhindert das Entstehen von Arbeitslosigkeit.

4. Nochmals: Vor- und Nachteile des Wirtschaftstandorts Europa

4.1. Fehlende Kooperation in der Wirtschaftspolitik und schwache technologische Innovation – die zentralen Nachteile des europäischen Modells

Die fehlende Kooperation in der europäischen Wirtschaftspolitik bildet sicherlich den wichtigsten Nachteil des status quo. Das liegt teils daran, dass in der EU nach wie vor nationalstaatliche Interessen dominieren. Diese sind zu einem wesentlichen Teil berechtigt. Sie spiegeln nationalstaatliche Traditionen und demokratisch fundierte Werturteile wider. Letztere Qualität kann die europäische Entscheidungsebene (EZB, Europäische Kommission, Rat) nicht für sich in Anspruch nehmen. In wesentlichen wirtschaftlichen Bereichen dominiert aber der „Kantönli-Geist" und damit das Prinzip „beggar thy neighbour". So scheiterte etwa eine bessere Koordination der Steuerpolitik im Sinn der Vereinheitlichung der Besteuerung von Erträgen aus Finanz- und Realkapital bislang daran, dass sich einige Mitgliedsländer auf Kosten ihrer Partner in der EU zu Steueroasen entwickelt haben und ihre „Wettbewerbsvorteile" nicht aufgeben wollen. Eine Harmonisierung liegt hier aber wohl im Sinne des gesamten europäischen Wirtschaftsraumes. Andererseits muss dort, wo die Zentralisierung der europäischen Wirtschaftspolitik besonders weit vorangekommen ist, das Ergebnis enttäuschen. Die Europäische Zentralbank wurde zur unabhängigsten und mächtigsten Zentralbank gemacht, die es in der Geschichte gab. Mit dem Resultat, dass dieser mächtige Spieler nunmehr einer Koordination mit anderen wirtschaftspolitischen Akteuren und Instrumenten (der Kommission, der Fiskalpolitik, der Beschäftigungspolitik) nicht mehr zugänglich ist. Dies führt zu gesamtwirtschaftlich inferioren Ergebnissen und bildet eine Form des Institutionen- oder Staatsversagens.

Europa gibt im Durchschnitt weniger für die Förderung technischer Innovationen aus, als etwa die USA. Dies ist zu einem guten Teil dadurch bedingt, dass die europäischen Militärausgaben – erfreulicherweise – deutlich niedriger sind, als jene in den Vereinigten Staaten. Dennoch verdient der Bereich der technologischen Entwicklung intensivere Aufmerksamkeit. Stärkere technologische Innovation kann – wenn sie stark auf die Bedürfnisse der Menschen ausgerichtet ist – Produktivität und Wohlstand entscheidend erhöhen. Um in diesem Bereich eine eigenständige Erfolgsstrategie einzuschlagen, sollte Europa versuchen, den Aufholprozess im technologischen Bereich mit einer seiner traditionellen Stärken zu verbinden, der relativ gleichen Partizipationschancen. Im Mittelpunkt der europäischen Technologiepolitik könnte deshalb die Breite des Zugangs zu neuen Technologien stehen. Die Förderung des öffentlichen Zugangs zu den neuen Kommunikations- und Informationstechnologien würde die Akzeptanz der Veränderungen erhöhen, die Partizipationschancen verbessern und das europäische Modell wieder in einem Aspekt eigenständiger machen.

4.2. Die starke Stellung öffentlicher Institutionen – der traditionelle Vorteil des europäischen Modells

Unterschiedliche Traditionen und Kulturen, unterschiedliche institutionelle Rahmenbedingungen unterschiedliche Schwerpunktsetzungen in Zielen und Anliegen kennzeichnen die europäischen Länder und zeichnen sie auch aus. Dennoch einigen auch einige Charakteristika die europäischen Volkswirtschaften im Vergleich zu den USA, machen sie unverwechselbar und können die Basis für den künftigen Erfolg des europäischen Modells bilden. Die wesentlichen Vorteile des europäischen Wirtschaftsstandortes hängen mit der starken Stellung des öffentlichen Sektors zusammen. Dieser ist sicherlich immer auf seine Leistungsfähigkeit zu untersuchen und laufend dahingehend zu reformieren, dass er seinen Aufgaben gerecht werden kann. Aber ein starker öffentlicher Sektor bildet die Grundlage für Europas Vorteile, die in einer guten Infrastruktur, in einer gerechteren Einkommensverteilung, im qualitativ hochwertigen und generellen Sozial- und Gesundheitssystem, in einem guten Ausbildungssystem und in relativ hoher sozialer Stabilität liegen.

Auf diesen Stärken gilt es aufzubauen. Im Zuge der öffentlichen Sparbemühungen ist allerdings in vielen Ländern die öffentliche Infrastruktur unter die Räder gekommen. Ein Rückgang der öffentlichen Investitionen ist zwar kurzfristig die einfachste Möglichkeit,

Staatsausgaben einzusparen, langfristig birgt dies aber die Gefahr negativer Wachstumseffekte. Ausgliederungen und Privatisierungen mögen kurzfristig die Effizienz der Leistungserbringung erhöhen, die Gefahr einer langfristigen Verschlechterung der Leistungserstellung ist angesichts der bisherigen Erfahrungen (etwa in Großbritannien) nicht zu verkennen.

Der Begriff der öffentlichen Infrastruktur ist allerdings viel weiter zu fassen. Dazu zählt insbesondere auch ein gutes und generelles öffentliches Ausbildungssystem. Unterschiede in der Einkommensverteilung finden ihre Ursache meist in unterschiedlichem Zugang zum Bildungssystem. Das öffentliche, finanziell gut ausgestattete und hochqualitative System der Grundausbildung stellt eine der zentralen Stärken des europäischen Modells dar. Das unterste Einkommensdezil verdient in den nordeuropäischen Ländern ein Mehrfaches der entsprechenden Vergleichskohorte in den USA. Gleichzeitig ist die Arbeitslosigkeit in diesem Bereich nicht höher als in den Vereinigten Staaten. Die Ursache: relativ gute Ausbildung auch der unteren Einkommensschichten und deshalb höhere Produktivität und bessere Einkommen.

Zur institutionellen Infrastruktur zählen auch die besser organisierten Arbeits- und Sozialbeziehungen in Europa. Viele Untersuchungen haben gezeigt, dass gut organisierte, mitgliederstarke und einflussreiche Sozialpartnerorganisationen dazu in der Lage sind, über den Tellerrand einzelwirtschaftlicher Interessen hinauszublicken und die gesamtwirtschaftliche Wohlfahrt im Auge zu behalten. Der jahrzehntelange Erfolg des Modells der österreichischen Wirtschafts- und Sozialpartnerschaft – die allerdings zur Zeit vehement an ökonomischem und politischem Einfluss verliert – belegt dies. In den erfolgreichen Modellen prägt die Konsenspolitik nicht nur die Lohnverhandlungen, sondern geht weit darüber hinaus und wird zum grundlegenden Prinzip der Wirtschafts- und Sozialpolitik.

Auch der allgemeine Wohlfahrtsstaat bildet ein prägendes Charakteristikum und einen der großen Vorteile des europäischen Modells. Er trägt nicht nur zur sozialen Stabilität bei und garantiert eine gerechtere Einkommensverteilung, er hat auch enorme ökonomische Konsequenzen. Die Sicherung der Massenkaufkraft gehört dazu ebenso wie die Effekte auf die Stabilisierung der Unternehmenserwartungen oder die konjunkturstabilisierenden Auswirkungen. Ohne Zweifel ist ein ständiges Bemühen um hohe Qualität der Leistungen und hohe Effizienz ihrer Erbringung eine Daueraufgabe für den Erfolg des Wohlfahrtsstaates. Herausforderungen wie die stetige Verteuerung des Gesundheitswesens oder die demographischen Belastungen des Pensionssystems müssen bewältigt werden. Aber die Vorstellung, eine laufend wachsende Wirtschaft könne sich die Sozialleistungen, die sie noch vor dreißig Jahren problemlos finanziert hat, heute „nicht mehr leisten", entbehrt jeder ökonomischen Grundlage.

5. Auf den Stärken aufbauen – Schlussfolgerungen für das europäische Modell

Die Erhaltung der Wettbewerbsfähigkeit von Unternehmens- und Wirtschaftsstandorten ist eine dauerhafte Herausforderung für die wirtschaftspolitischen Akteure. Wettbewerbsfähigkeit auf den internationalen Märkten, die durch Technologie, Kostenentwicklung und Wechselkurs beeinflusst ist, stellt allerdings nur eine Voraussetzung für wirtschaftlichen Erfolg dar. Nachfragebestimmtes Wirtschaftswachstum bildet eine zweite unabdingbare Voraussetzung für wirtschaftlichen Erfolg. Darauf wurde in Europa in den letzten zwanzig Jahren zu wenig geachtet. Die Wirtschaftspolitik hat viele Instrumente, die sie einsetzen kann, um die Nachfrageentwicklung zu fördern und so eine dynamische Wirtschaftsentwicklung zu ermöglichen: Dazu gehören neben der Ausrichtung der Geldpolitik auf niedrige Zinsen und die Verhinderung einer Überbewertung der Währung, die Umverteilung zugunsten der unteren Einkommensschichten durch Budget- und Lohnpolitik sowie die Schaffung von Vertrauen durch den Aufbau und Erhalt von Institutionen, die auf Kooperation und langfristige Interessen der Gesamtwirtschaft ausgerichtet sind.

Das europäische Modell hat alle Zukunftschancen. Es befindet sich weniger intensiv, als gemeinhin angenommen, in einem Wettbewerb um die Konkurrenzfähigkeit seiner Wirtschaft als in einem Systemwettbewerb um die Frage, welchem Modell es besser gelingt, den gesellschaftlichen Wohlstand zu mehren. Es hat das japanische

Modell und die südostasiatischen Länder hinter sich gelassen. Die vielfältigen und bei genauerem Hinsehen offensichtlichen Schwächen des US-Modells geben dem europäischen Modell eine vergleichsweise gute Ausgangsposition. Dafür gilt aber eine Voraussetzung: Nicht die gedankenlose Nachahmung ausländischer, oft von kurzfristigem und zweifelhaftem Erfolg gekennzeichneten, Modelle möge die Losung für die europäische Politik bilden, sondern der Aufbau auf die eigenen Stärken. Diese liegen in einer guten öffentlichen Infrastruktur, im Bestehen von auf das Gemeinwohl ausgerichteten Institutionen und in einem umfassenden und hochqualitativen Bildungs- und Sozialsystem.

Marianne Kager

E-Commerce – „New-Law und New-Finance“

Der Ausdruck „neue Ökonomie“ steht für die Veränderung wirtschaftlicher Tätigkeiten, die stattfinden, weil digitale Technologien den Zugang, die Verarbeitung und Aufbewahrung von Informationen billiger und einfacher machen. Das enorme Volumen leicht zugänglicher Informationen ändert die Funktionsweise von Märkten, führt zur Umstrukturierung von Unternehmen und ändert die Verhaltensweise von Millionen Konsumenten.

Wir reden vom Internet als Plattform für E-Commerce oder E-Business. Internet heißt aber nicht nur die Erschließung neuer Absatzwege. Die Herausforderung für die Unternehmen ist vielmehr, dass sie ihre Organisation und Prozessabläufe neu gestalten müssen. Was das Informationszeitalter von anderen Epochen unterscheidet, ist das rasante Tempo der Umwälzung.

Zum Vergleich: Die Zeitspanne bis eine neue Technik beziehungsweise das darauf aufbauende Produkt von zehn Millionen benutzt wird, hat zum Beispiel beim „Pager“ 41 Jahre gedauert, beim Faxgerät 22 Jahre, das Mobiltelefon brauchte neun Jahre, bis es von zehn Millionen benutzt wurde, der PC noch sechs Jahre und für den Netscape Browser waren es zehn Monate (!).

Heute haben fast 40 Prozent der Bevölkerung in den USA Zugang zum Internet, in Europa 20 Prozent. Der E-Commerce-Umsatz war 1999 in Europa 17 Mrd. Euro. Die Prognosen für die Zukunft variieren weit. Nach neuesten Schätzungen erwartet man für die USA im Jahr 2003 ein Volumen im E-Commerce zwischen Unternehmen von mehr als 2000 Mrd. USD.

Heute sind die Internetumsätze noch zum überwiegenden Teil zwischen den Unternehmen (B 2 B im Fachjargon), doch mit der stärkeren Durchdringung und der Schaffung von „speziellen Marktplätzen“ wird sich dies rasch ändern.

Forrester Research hat zum Beispiel für die USA ermittelt, dass 1996 500.000 Haushalte online Finanzinvestitionen tätigen, 1999 waren es 3,3 Millionen, und 2003 werden es zwischen 16 und 21 Millionen sein. Die korrespondierenden Investments werden für 2003 auf 1,5 Billionen USD geschätzt.

Die dadurch ausgelösten strukturellen Umwälzungen allen voran in der Finanzdienstleistungsindustrie werden enorm sein.

E-Commerce im Binnenmarkt

Die EU versucht, den Rückstand im Bereich E-Commerce gegenüber den USA durch Sonderprogramme zu verringern. Im Sondergipfel in Lissabon wurde der Schwerpunkt E-Commerce mit umfangreichen Maßnahmepaketen beschlossen.

Die kurz- und mittelfristigen Ziele der EU zur Förderung des E-Commerce richten sich einerseits auf die Schaffung entsprechender Rahmenbedingungen, andererseits werden Pläne für die Förderung der notwendigen Qualifikation festgelegt.

Die Nutzung des elektronischen Mediums erfordert nicht nur einen kostengünstigen Zugang für Unternehmen und Private, Sicherheit in der Anwendung, sondern es muss auch eine entsprechende Ausbildung zur Nutzung des Systems sichergestellt werden.

Innerhalb der EU soll mit Unterstützung der Europäischen Investitionsbank (EIB) ein Hochgeschwindigkeitsnetz für das Internet errichtet und für die weitere Entwicklung der Informationstechnologie und der Telekommunikationsnetze Sorge getragen werden. Für die einzelnen Mitgliedsstaaten besteht die Aufgabe, durch eine weitere Liberalisierung bei den Ortsanschlussnetzen die Verwendung des Internet kostengünstig zu machen. Weiters sollen bereits 2002 alle Schulen über einen Internetanschluss verfügen und die Lehrer im Umgang mit Multimedia-Materialien geschult sein, damit die Jugendlichen vor ihrem Berufseinstieg mit diesem Medium vertraut sind.

E-Commerce erfordert aber nicht nur ein entsprechendes Know-how bei den Anwendern, sondern mit seinem enormen Potenzial von jederzeit (real time) grenzüberschreitenden Geschäften – vor allem im Dienstleistungsbereich – auch, dass die legistischen Rahmenbedingungen, bisher primär auf die Regelung der nationalen Geschäftstätigkeit ausgerichtet, dem „Handel ohne Grenzen" angepasst werden. Das heißt, ob sich die amerikanische Erfolgsstory des virtuellen Handels auch auf Europa überträgt, hängt auch davon ab, welche rechtlichen Bedingungen die Teilnehmer dieses neuen Marktes vorfinden. Der Bogen ist dabei weit gespannt. Er zieht sich von speziellen Regeln für Fernabsatz und E-Commerce hin bis zum internationalen Privatrecht, dem Konsumentenschutz aber auch dem Steuerrecht. Fragen: Wie und wo wird eine Leistung erbracht, wo fällt eine Steuer an, und was ist die Steuerbasis, sind nicht nur auf EU-Ebene, sondern international zu lösen.

Die EU-Kommission und der Rat sind sich der Dringlichkeit der Schaffung eines neuen Rechtsrahmens beziehungsweise der Adaption bestehender Regelungen durchaus bewusst. Es kommt daher nicht von ungefähr, wenn der Rat von Lissabon beschlossen hat, möglichst rasch alle notwendigen, mit dem E-Commerce zusammenhängende Richtlinien (z. B. die „Rahmengesetze", die die Vorgaben für die jeweils zu erlassenden nationalen Bestimmungen darstellen) zu beschließen. Kernstück des europäischen Rechtsrahmens ist die „E-Commerce"-Richtlinie. Diese Richtlinie regelt im Wesentlichen fünf Bereiche: die Niederlassung der Diensteanbieter, die kommerzielle Kommunikation, die elektronischen Verträge, die Verantwortlichkeit der Vermittler und die Beilegungen der Rechtsstreitigkeiten. Die Richtlinie gibt somit die Binnenmarktregelung für den virtuellen Handel vor, sie führt aber nicht zwingend zu einem einheitlichen Markt für die im E-Commerce gehandelten Güter und Dienstleistungen. Denn der koordinierte Bereich umfasst nicht die Anforderungen betreffend der Ware als solche, der Lieferung der Ware und jener Dienstleistung, die nicht auf elektronischem Weg erbracht wird.

Zudem können die Mitgliedstaaten nach wie vor Maßnahmen zum Schutz der Verbraucher und insbesondere der Anleger ergreifen, das heißt, gesonderte nationale Regeln für die Zulassung eines Gutes festlegen. Darüber hinaus greift die Richtlinie *nicht* in die zwingenden Vorschriften hinsichtlich der Rechtswahl und betreffend der vertraglichen Schuldverhältnisse in Bezug auf Verbraucherverträge ein.

Was bisher nämlich oft außer Acht gelassen wurde, ist, dass aufgrund der derzeit innerhalb der EU bestehenden Regelungen – und dies trotz der Schaffung des Binnenmarktes im Jahr 1993 – 15 unterschiedliche Verbrauchermärkte bestehen. In den Vereinigten Staaten gibt es einen einzigen Verbrauchermarkt. Unternehmen, die grenzüberschreitend an Verbraucher absetzen, müssen innerhalb der EU ihre Produkte und Dienstleistungen an die jeweiligen Märkte anpassen.

Bislang war die Aufsplitterung der nationalen Verbrauchermärkte kein wesentliches Problem des Binnenmarktes. Grenzüberschreitender Fernabsatz wurde mangels der entsprechenden Technologie kaum praktiziert. Wenn Europa jedoch auf die Entwicklung und die Ausbreitung des elektronischen Geschäftsverkehrs als Motor der wirtschaftlichen Entwicklung setzt, muss auch dieses Problem gelöst werden.

Die europäischen Regelungen werden zuvor einen einheitlichen Rahmen für die Erbringung elektronischer Dienstleistungen setzen, lösen aber nicht das Problem der nach wie vor segmentierten Verbrauchermärkte.

Der E-Commerce zeigt deutlich die Grenzen des EU-Binnenmarktes auf. Ist der Binnenmarkt im Handel zwischen Unternehmen (B 2 B) weitgehend gewährleistet, so ist dies im Handel zwischen Unternehmen und Konsument (B 2 C) nicht immer der Fall.

Dies vor allem deswegen, weil Beschränkungen des Binnenmarktes aufgrund von Konsumentenschutzargumenten als Beschränkungen im Allgemeininteresse im Prinzip von der europäischen Rechtsprechung anerkannt werden, wenn auch mit der Einschränkung, dass die Verhältnismäßigkeit der nationalen Maßnahme – die letztlich auf eine Einschränkung des Binnenmarktes hinausläuft – nachzuweisen ist (wäre).

Je mehr nun direkte (B 2 C) grenzüberschreitende Geschäfte zwischen Unternehmen und Konsumenten im Zuge von E-Commerce stattfinden, desto mehr kommen die „loop holes" des Binnenmarktes zum Vorschein, die letztlich die großen Unternehmen – die auf jedem Markt die kritische Größe erreichen, um ein Produkt gemäß den nationalen (Konsumenten-)Vorschriften anzubieten – gegenüber den kleinen Unternehmen begünstigt.

Der berechtigte Schutz der Konsumenten sollte aber nicht dazu führen, dass die Vielfalt des Angebotes, die gerade der E-Commerce ermöglicht und im Interesse der Konsumenten ist, durch nicht zielführende rechtliche Rahmenbedingungen (Beschränkungen) wiederum reduziert wird, weil gerade die kleineren Unternehmen de facto vom B 2 C ausgeschlossen würden.

Ein anderes Feld, das notwendigerweise mit dem Siegeszug des E-Commerce einer internationalen Neuregelung bedarf, ist jenes des Steuerrechtes, und zwar sowohl was die direkten als auch die indirekten Steuern betrifft.

Charakteristikum der neuen globalen Märkte ist, dass sie keine räumlichen Grenzen mehr aufweisen und es immer schwieriger wird, den Ort eines Umsatzes und die Identität der Beteiligten zu ermitteln.

Was die indirekten Steuern betrifft, wird mit der Zunahme von B 2 C Transaktionen die Tatsache, dass Lieferungen von Dienstleistungen, die außerhalb der EU erstellt werden, an EU-Konsumenten de facto nicht als steuerbaren Umsatz erfasst werden können, ein zunehmendes Problem, und zwar nicht nur für die Steuerverwaltungen, denen steuerbare Umsätze „entgehen", sondern auch für die europäischen Unternehmen ein Wettbewerbsproblem, da deren Umsätze im B 2 C E-Commerce sehr wohl der MWSt. unterliegen. Wenn man bedenkt, dass 60 Prozent der B 2 C Dienstleistungsumsätze in Europa derzeit von amerikanischen Unternehmen erbracht werden, ist dies eine erhebliche Wettbewerbsverzerrung. Der MWSt.-Richtlinienvorschlag der EU wird hier aller Voraussicht nach keine Lösung bringen, da auch von den Mitgliedstaaten ein einheitliches Regime abgelehnt wird.

Allerdings wird der Richtlinienvorschlag insofern eine Verbesserung bringen, als eindeutig festgestellt wird, dass Internet-Umsätze steuerbare Vorgänge sind, der Ort der Dienstleistung eindeutig definiert wird und die allgemeine Entlastung beim Export von Internet-Dienstleistungen festgelegt wird.

Hinsichtlich der Frage, wo und wie E-Business direkten Steuern unterliegt, ist mit einer einheitlichen europäischen Lösung kaum zu rechnen, da die EU-COM für direkte Steuern kein Mandat hat. Eine der Fragen, die in diesem Zusammenhang auf internationaler Ebene vorweg zu lösen wäre, ist, wie bei E-Commerce Geschäften eine feste Betriebsstätte im Sinne des Doppelbesteuerungsrechtes zu definieren ist, da die herkömmliche Definition fester Betriebsstätten nicht ausreicht (z.B. kann – bzw. unter welchen Bedingungen kann – ein Server eine feste Betriebsstätte sein?).

Welche Leistungen in welchem Ausmaß einer direkten Besteuerung unterliegen, ist einerseits von den nationalen Steuergegebenheiten abhängig und andererseits von den bilateralen Doppelbesteuerungsabkommen. Z.B. ein amerikanisches Unternehmen betreibt einen Server in Frankreich, mittels dem es Dienstleistungen in Spanien erbringt: In welchem Land zahlt das amerikanische Unternehmen in welchem Umfang direkte Steuern? Wird der Server als Betriebsstätte definiert, und mit welchem Verfahren werden ihm welche Teile des Ertrages zugerechnet?

Die Antwort wird von Land zu Land und von Doppelbesteuerungsabkommen zu Doppelbesteuerungsabkommen verschieden sein. Man kann aber davon ausgehen, dass unter diesen Umständen dem Steuerwettbewerb Tür und Tor geöffnet ist. Ob dieser Steuerwettbewerb immer zugunsten der europäischen Unternehmen und der von der Kommission und dem Rat besonders hervorgehobenen Zielgruppe der Klein- und Mittelbetriebe ausgeht, sei dahingestellt.

Abschließend muss festgestellt werden: Der E-Commerce zeigt uns deutlich die Schranken des Binnenmarktes auf. Es wird daher notwendig sein, einen Ausgleich zwischen den Interessen der Wirtschaft und jener der Konsumenten zu finden. Bei allem darf aber nicht übersehen werden: Wenn Europa die Kluft zu den USA im Bereich E-Business schließen will, muss man sich darüber im Klaren sein, dass einerseits ein einheitlicher Verbrauchermarkt zu schaffen ist und andererseits steuerliche Rahmenbedingungen geschaffen werden müssen, die den europäischen und insbesondere den kleinen und mittleren Unternehmen gleiche Wettbewerbsbedingungen einräumen. Nur so wird der Verbraucher in Zukunft die „theoretische Vielfalt" eines weltweiten Angebotes auch wirklich nutzen können.

Soweit die prinzipiellen Überlegungen zum „Handel ohne Grenzen". Ein Sektor, der für den E-Commerce besonders prädestiniert ist, ist der Finanzmarkt. Zum einen wegen seines hohen Grades an Globalisierung, zum anderen wegen der Art seiner „Ware" bzw. Dienstleistung: Finanzprodukte müssen nicht „physisch" transportiert werden.

E-Commerce auf dem Finanzmarkt

Gehen wir davon aus, dass die heute so gängige Meinung, die „New Economy" schreibe die Geschichte, zutrifft. Die dramatische Verbreitung neuer Medien (Internet, Handy) zeigt, dass fast alle Industrien der so genannten „Old Economy" enormen Veränderungen unterworfen sind. Dabei bilden die Banken keine Ausnahme. „Banking is necessary, banks are not", dieser Ausspruch von Bill Gates ist inzwischen zu einem Standardsatz bei der Analyse der Zukunft der Banken geworden. Um die Radikalität der Veränderungen im Bankwesen durch das Internet bzw. andere neue Kommunikationsformen analysieren zu können, muss man sich bewusst sein, was Banken eigentlich tun, was ihre Wertschöpfung ist, Zahlungsverkehr, Intermediation, Produktion und Verkauf von Finanzprodukten ohne Intermediation und schließlich Finanzberatung ganz allgemein.

Veränderung durch E-Commerce

E-Commerce verändert den Bedarf der Nachfrager nach Finanzdienstleistungen, die Art, wie Finanzdienstleistungen erzeugt werden also das Angebot, und schließlich am eindrucksvollsten und wahrscheinlich am radikalsten, wie Finanzdienstleistungen vertrieben werden. Es zeigt zwar gerade der E-Commerce, wie schnell die Grenzen zwischen einzelnen Tätigkeitsbereichen aufgehoben werden und wie schwierig Grenzziehungen sind, trotzdem hilft eine selektive Betrachtung nach den vier wichtigsten Funktionen der Banken bei der Beurteilung der Auswirkungen des E-Commerce auf die Banken.

Zahlungsverkehr

Veränderungen: Die IT-Revolution bringt in diesem Bereich abermals eine enorme Veränderung. Deutlich erkennbar ist eine Entwicklung weg vom Bargeld hin zu virtuellem Geld. Zwar wird die Vision, das Internet schaffe sich sein eigenes Geld (cyber-bugs) und werde damit von Banken und Notenbanken unabhängig, derzeit zumindest nicht realisiert werden, trotzdem verändern Online-banking, Handybanking und Bankomatkarte mit Zahlungsfunktion den Zahlungsverkehr drastisch. So liegen die variablen Kosten einer Überweisung über das Internet bei rund 1/100 der Kosten einer Überweisung über eine Zweigstelle. Zudem bedeuten Effizienzsteigerungen, die die Wirtschaft insgesamt durch Verbesserung von externen Abläufen (B2B) erzielt, teilweise den Wegfall von Bankdienstleistung.

Chance für Banken: Es scheint den Banken jedoch zu gelingen, auch im neuen Zahlungsverkehr eine führende Rolle zu spielen. Keine große Bank in Europa bietet heute nicht Online-banking an. Derzeit ist Finnland führend, wo bereits über 20 Prozent der Bankkunden über Online-banking verfügen. Österreich zählt mit Deutschland zu jenen Ländern, die ebenfalls mit rund 10 Prozent Online-banking-Verfügern – dieser Wert liegt für die USA ebenfalls in dieser Größenordnung – zu den sehr rasch wachsenden Online-banking-Märkten gehört. Die jährlichen Zuwachsraten liegen in Europa derzeit durchwegs bei 100 Prozent. Der Vorteil, seinen Zahlungsverkehr aus einer Quelle (einem zentralen Konto) zu tätigen, macht Banken auch bei den neuen Medien zu den Anbietern Nr. 1, da Banken bereits Know-how und Handelsmarken entwickelt haben und auch besser mit den rechtlichen Aspekten (siehe erster Teil) bzw. den Sicherheitsproblemen umgehen können. Allerdings wird aus dem reinen Zahlungsverkehr – ähnlich wie bereits bisher in der Old Economy – wenig Ertrag erzielbar sein. Daher werden die Banken auch in der New Economy versuchen, rund um den Zahlungsverkehr alle anderen Bankdienstleistungen mit zu verkaufen. Dies gilt sowohl im Privatkunden – als auch im Firmen- und Großkundenbereich, wo gerade durch Banken bzw. durch Kooperationen mit Banken Marktplätze im Internet entstehen.

Intermediaton

Veränderungen: Im Bereich der Einlagen und der Kredite verändert der E-Commerce das Geschäft der Banken in vielfältiger Weise. Da die wesentlichste und bereits am weitesten entwickelte Funktion des Internet jene der Information ist, bedeutet dies, dass die Suchkosten sinken und der Markt transparenter wird. Dies führt gerade bei Standardprodukten wie Einlagen oder Privatkrediten (speziell Hypothekarkredite – 10 Prozent der neuen Hypothekarkredite in den USA werden online gemacht) zu einer weiteren Reduktion der Preise, d.h. der Erträge für die Banken. Darüber hinaus wird für diese Produkte das Internet auch ein immer wichtigerer Vertriebskanal, wobei die geringeren Investitionskosten im Verhältnis zum Aufbau eines Filialnetzes (in Europa in Verbindung mit dem Euro) zusätzlichen Anreiz gibt, diese Produkte über ihren bisherigen Markt hinaus anzubieten. Allerdings ist dies erst in Entstehung, und es sind auch hier Banken und nicht andere Anbieter, die in führender Rolle tätig sind. Zinsen für Standardeinlagen und Standard(hypothekar)kredite werden je nach Ausgestaltung (Laufzeit, Risiko, Volumen) in einem Währungsraum jedoch zunehmend einen einheitlichen (niedrigen) Preis haben.

Darüber hinaus spielt das Internet jedoch auch eine immer wichtigere Rolle in der Vermittlung von Kapital zwischen Anleger und Schuldner ohne die klassische Zwischenschaltung einer Bank. So hat die mit der elektronischen Revolution einsetzende Euphorie für Risikokapital (NASDAQ, Neuer Markt), in Verbindung mit steigendem Geldvermögen, niedrigen Zinsen und dem veränderten Bedürfnis weg vom Konsumansparen hin zum Vermögensaufbau für die Pension, zu einer starken Verschiebung der Geldvermögensbildung in Richtung Wertpapiere geführt. So lag der Anteil der Wertpapiere an der Geldvermögensneubildung in Österreich 1999 bei 61 Prozent, vor zehn Jahren lag dieser Anteil bei 43 Prozent. Auch wenn dabei Einzelaktien nur einen kleinen Teil ausmachen, führt dieses gesteigerte

Interesse vor allem für Fonds zu einer weiteren Disintermediation auch im Bereich des Fremdkapitals, wie die steigende Nachfrage nach Corporate Bonds zeigt. Das Internet unterstützt mit seinen Möglichkeiten der Informationsgewinnung diesen Trend.

Chancen für Banken: Die Chancen für die Banken liegen in Zukunft vor allem im großen Know-how bei der Risikobeurteilung. Bei Standardkonditionen und –produkten müssen immer durchschnittliche Risiken in den Preis eingerechnet werden. Kann eine Bank das individuelle Risiko besser einschätzen, zum Beispiel aufgrund einer längeren Kundenbeziehung, so kann eine Bank auch einen besseren Preis anbieten. Dies gilt im Besonderen im in Europa dominierenden Bereich der KMU-Finanzierung.

Produktion und Verkauf von Finanzprodukten ohne Intermediation

Veränderungen: Für den Vertrieb von Finanzprodukten, bei denen die Bank „nur" als Vermittler auftritt, gilt noch mehr als bei der Intermediation, dass das Internet eine deutliche Steigerung der Transparenz bringt. Die Erträge aus dem einzelnen Geschäft gehen deutlich zurück. Das eindrucksvollste Beispiel dafür sind die Online-Broker. In den USA tätigt inzwischen jeder sechste Wertpapierkäufer sein Geschäft online. Gleichzeitig kommt es zu einer deutlichen Steigerung des Volumens. Wie bereits oben erwähnt, steigt die Zahl der emitierten Wertpapiere (Aktien, Firmenanleihen, Fonds), und die leichtere Verfügbarkeit von Informationen, verbunden mit der Verbilligung der Transaktionskosten, lässt auch die Zahl der Transaktionen spürbar steigen. (Online Kunden tätigen durchschnittlich zehnmal mehr Transaktionen). Dieses Geschäft wird jedoch möglicherweise durch seine eigene Technologie geschlagen, in dem die Börsen beginnen werden, direkt Handel in real-time zu günstigen Konditionen anzubieten.

Chance für Banken: Die Attraktivität der Veranlagung via Internet liegt neben der Schnelligkeit vor allem auch bei den günstigen Kosten. Diese Vorteile kommen jedoch auch den Banken entgegen. Je besser die technischen Lösungen (es ist bekannt, dass viele Online-Broker noch große technische Probleme haben), um so günstiger wird die Abwicklung auch für die traditionellen Banken. Auch wenn die Banken vielleicht für Anleger, die 100 Transaktionen pro Jahr machen, wenig mehr bieten können als Online-Broker bzw. die Börsen selbst, so werden sie der Mehrheit der traditionellen Anleger zukünftig doch auch günstigere Bedingungen bieten können. Die wesentlichste Dienstleistung der Banken wird jedoch die umfassende und persönliche Beratung sein. Dies gilt um so mehr für den Bereich der Unternehmensfinanzierung.

Finanzberatung

Veränderungen: Der Umfang von Informationen im Internet steigt ständig. Allerdings standen schon bisher den professionellen Anlegern eine Vielzahl von Informationen via Informationsanbieter zur Verfügung und trotzdem kam es immer wieder zu Fehlentscheidungen. Informationen in einer Vielzahl, wie sie das Internet bietet, zu haben, ist zwar sicher wichtig, daraus die richtigen Entscheidungen für seinen, ganz persönliche Lebenssituation zu finden, jedoch nicht immer leicht. Der Rückschlag der Aktienkurse an der NASDAQ und am Neuen Markt zeigen dies sehr eindrucksvoll.

Chance für Banken: Banken haben wesentliche Vorteile bei der Beratung aufgrund ihrer Erfahrungen anzubieten. Dies gilt auch bei der Beratung von Unternehmen. Je genauer die Banken auf individuelle Erfordernisse eingehen können und gleichzeitig ein, günstige Abwicklung anbieten, um so größer wird ihr Anteil an der Wertschöpfung auch in der New Economy sein.

Insgesamt ist der E-Commerce und seine Dynamik eine enorme Herausforderung für den Finanzdienstleistungsbereich. Die meisten Veränderungen sind Chance und Bedrohung zugleich. Auch wenn heute selbst in den USA noch 95 Prozent der Online-Umsätze (ohne Zahlungsverkehr) bei Finanzdienstleistungen im Wertpapierhandel abgewickelt werden, wird in Zukunft ein wesentlicher – wenn nicht sogar fast der gesamte – Zugang zum Kunden über neue Medien (nicht unbedingt durch den PC, eher via Handy oder TV) erfolgen. Die größten Herausforderungen der E-Commerce-Unternehmen sind derzeit ihre geringe Bekanntheit (hohe Werbekosten), instabile Kundenbeziehungen, fehlende Managementerfahrungen und Sicherheitsvorbehalte der Kunden. Starke Banken haben daher bei ihren Internetaktivitäten Startvorteile – sie genießen einen hohen Bekanntheitsgrad, haben eine relativ stabile Kundenbeziehung, lange Managementerfahrungen und haben Erfahrungen im Umgang mit Sicherheitsproblemen. Bei der Herausforderung des E-Commerce haben Banken daher eine bessere Ausgangssituation als man auf den ersten Blick vermuten würde.

Robert Lloyd

Natürliche Auslese in der Internet-Economy

Drei Hauptfaktoren sind dafür verantwortlich, dass sich die Welt heute schneller verändert als je zuvor: Globalisierung, Deregulierung und das Internet. Alle drei hängen eng miteinander zusammen.

Die Globalisierung ist mit dem Ende des Kalten Kriegs zusammengefallen. Die Kommunikation und die Handelsbeziehungen zwischen den Ländern sind heute wesentlich intensiver als früher. Die in der Vergangenheit bestehenden, politischen und physischen Grenzen sind fast zur Gänze verschwunden.

In vielen Sektoren – in der Luftfahrt, im Bankwesen, bei den öffentlichen Versorgungsbetrieben, in der Telekommunikation und sogar in der staatlichen Verwaltung – sind neue Mitbewerber aus allen Regionen der Welt auf den Plan getreten.

Es mag ein schwacher Trost für die Betroffenen sein, aber das Massensterben der *Dotcoms* im Laufe dieses Jahres ist absolut nichts Neues. Wir haben so etwas schon viele Male erlebt, und daher ist die Versuchung groß, die Situation nach den Grundsätzen des Darwinismus zu analysieren, um festzustellen, welche Unternehmenstypen die anpassungsfähigsten sind und sich auch in der Zukunft behaupten werden.

Es scheint, dass es vielen der vom jüngsten Absturz der Technologieaktien betroffenen Unternehmen ganz einfach an den wichtigsten Attributen der Überlebensfähigkeit mangelte. Noch bevor das Vertrauen der Märkte ins Schwanken geriet, wurde von Analysten bereits auf die ungenügende „Anpassung" vieler *Dotcoms* an ihre Märkte hingewiesen.

Der Misserfolg zahlreicher *Startups* war programmiert durch schlechtes Marketing, unzulängliches Management, Unkenntnis der wichtigsten Grundsätze des Wirtschaftslebens, ungenügende Marktforschung, die sich nur auf einzelne Bereiche erstreckte und den

Markt weder qualitativ noch quantitativ wirklich erfassen konnte, und schließlich die falsche Motivation – der Wunsch, schnell reich zu werden, anstatt ein lebensfähiges Unternehmen aufzubauen.

Eine Zeit lang war das Internet gleichbedeutend mit einem Ort, an dem sich jeder, der auch nur ein wenig Ahnung vom Geschäft hatte, als Unternehmer betätigen und eine Menge Geld verdienen konnte, wenn es ihm nur gelang, seine Firma entsprechend ins Gespräch zu bringen. Wie Forrester Research in einer Untersuchung vor kurzem festgestellt hat, fehlte es dem Management der neuen *Dotcoms* in vielen Fällen an *„Weitblick, Erfahrung und unternehmerischem Hausverstand"*. Daher sollte es uns nicht überraschen, dass viele ihr Geld ohne mittelfristige Aussicht auf Rentabilität einsetzten und die Risikokapitalgeber bald die Geduld verloren.

Nach der vom Markt ausgehenden Neubewertung der *Dotcoms* – dem so genannten „Schwarzen Dienstag" – hat in der Öffentlichkeit und in der Presse eine lebhafte Debatte über die Zukunft des elektronischen Handels begonnen. Unterschiedlichste Meinungen über die Lebensfähigkeit dieser Form der Geschäftstätigkeit, die relative Internet-Stärke der europäischen Länder und die Größe dessen, was wir als die „Internet-Economy" bezeichnen, wurden geäußert.

Die Internetwirtschaft in Europa – von der Revolution zur Evolution

Nach einer von Cisco in Auftrag gegebenen und von der Gartner-Gruppe durchgeführten Studie ist die europäische Internet-Economy in gutem Zustand. Ihr Volumen wird von 53 Milliarden USD im Jahr 1999 auf voraussichtlich 1,2 Billionen USD im Jahr 2004 anwachsen (siehe Diagramme 1 – 3).

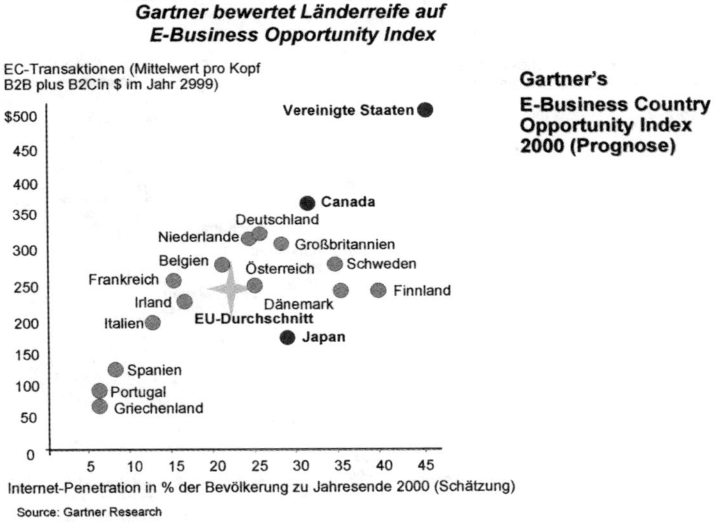

Diagramm 1

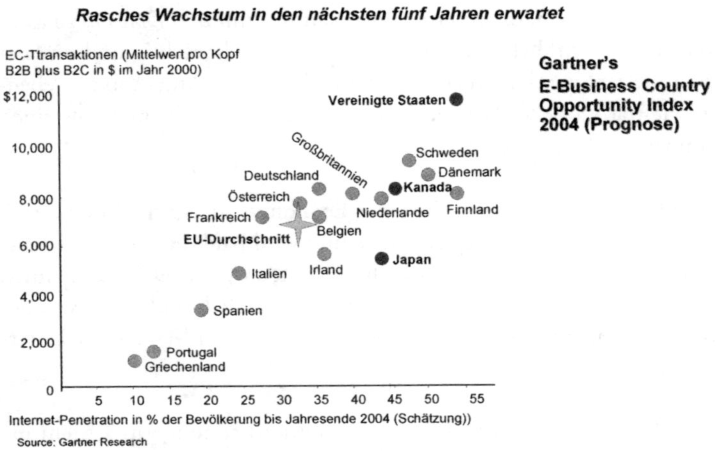

Diagramm 2

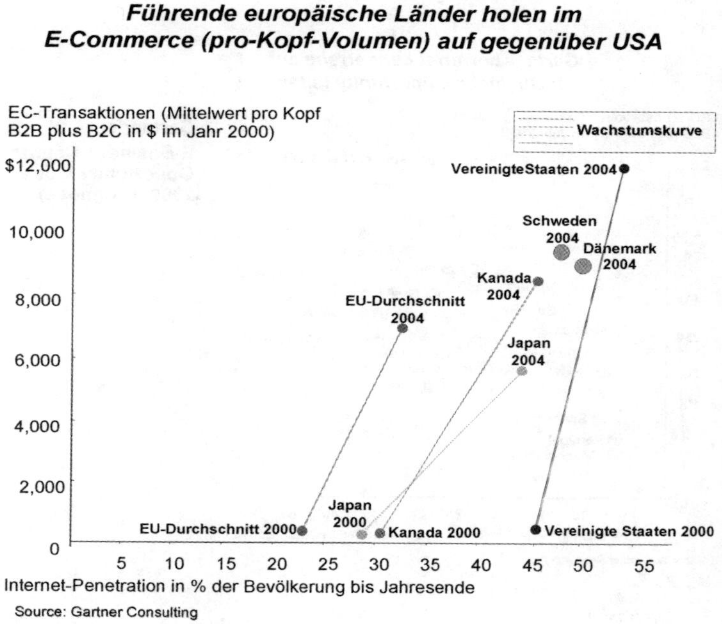

Diagramm 3

Es wäre falsch, die Internetwirtschaft nur mit den *Dotcoms* zu assoziieren. Die wirkliche Internet-Economy ist vielschichtig und umfasst eine Vielzahl von Unternehmen, darunter Infrastruktur-Anbieter ebenso wie traditionelle Firmen, für die das Internet nicht mehr als einen von vielen Vertriebskanälen darstellt.

Die westeuropäische Internet-Economy ist kein Randbereich mehr, sie ist auf dem Weg zur Reife und wird bald die nötige kritische Masse erlangt haben. Die Einstellung westeuropäischer Unternehmen zum Internet ist jedoch erstaunlich unterschiedlich und hängt von der Region, dem Wirtschaftssektor und – in geringerem Maße – der Unternehmensgröße ab.

Obwohl die Entwicklung der Internet-Economy in Osteuropa und im Nahen Osten deutlich weniger weit fortgeschritten ist, sind in den führenden Ländern, z. B. in der Tschechischen Republik und den Vereinigten Arabischen Emiraten, klare Fortschritte festzustellen. Der

„*Gartner E-business Opportunity Index*" zeigt die Entwicklungen im Bereich des *E-Business* in den einzelnen Ländern und vermittelt so ein Bild von der jeweiligen Internetreife.

Im Jahr 2000 wurden die Grundlagen für ein rapides Wachstum in Europa geschaffen. Noch rangieren die meisten Volkswirtschaften der Europäischen Union auf dem *E-business Opportunity Index* deutlich hinter den Vereinigten Staaten. Nur in den nordischen Ländern ist der Grad der Internet-Penetration fast so hoch wie in den USA. Der Wert der über das Internet abgewickelten Transaktionen liegt in Großbritannien, Deutschland und den Niederlanden – den Ländern mit den höchsten Pro-Kopf-Werten – nur bei etwa 60 Prozent des Vergleichswerts in den Vereinigten Staaten. In den Mittelmeerländern ist der elektronische Handel überhaupt erst im Entstehen, sodass diese Länder den EU-Durchschnitt nach unten drücken. Der Gesamtwert der Erträge im Bereich *B2B* und *B2C* in der Europäischen Union entspricht etwa 66 Prozent des Werts in den Vereinigten Staaten. Die EU holt jedoch gegenüber den USA als wichtiges Zentrum des *E-Business* rasch auf, und es ist zu erwarten, dass die Volkswirtschaften der EU bis zum Jahr 2004 bei den internetgenerierten Einnahmen aus *B2B*- und *B2C*-Transaktionen mit den Vereinigten Staaten fast gleichziehen werden (mit 80 Prozent oder darüber). Der elektronische Handel wird sich in Europa jedoch in etwas anderer Form entwickeln als in den Vereinigten Staaten. Der relativen Häufigkeit von PCs, Mobiltelephonen und Fernsehapparaten entsprechend, werden in Europa verhältnismäßig mehr Transaktionen nicht über PCs, sondern über Mobiltelefone, andere tragbare Geräte und Fernsehgeräte mit Internetanschluss abgewickelt werden.

Die führenden EU-Länder werden bis 2004 etwa das Transaktionsniveau der Vereinigten Staaten erreichen, aber auch in den anderen Ländern wird es in den nächsten fünf Jahren zu einer drastischen Steigerung des Transaktionswerts pro Kopf der Bevölkerung kommen.

Geschäft ist Geschäft – gleichgültig, ob es über das Internet oder über die physische Infrastruktur eines „*brick and mortar*"-Unternehmens abgewickelt wird. Die potenziellen Vorteile des Internets bestehen darin, dass neue Vermarktungskanäle genützt und neue Möglichkeiten der Kostensenkung erschlossen werden können. Durch höhere Erträge und niedrigere Kosten kann das Internet dazu beitragen, dass aus einem erfolgreichen Unternehmen ein sehr erfolgreiches Unternehmen wird. Es wird jedoch niemals aus einem schlechten Unternehmen ein gutes machen – denn für schwache Unternehmen ist die Gefahr des Misserfolgs *online* ebenso groß wie in der wirklichen Welt – wenn nicht sogar größer.

Auch im Internet überleben nur die Stärksten

Was also macht ein gutes Unternehmen aus? So wie in der Natur sind es auch in der Wirtschaft die Anpassungsfähigen und Flexiblen, die die besten Überlebenschancen haben. Sie schaffen es, die Möglichkeiten eines Marktes zu nützen und sich an eine veränderte Situation anzupassen. Dies gelingt ihnen, weil ihre Strukturen Veränderung zulassen und sie sich auf ihre Kernkompetenzen konzentrieren.

Ein in der Öffentlichkeit viel diskutiertes Beispiel dafür, was mit einem *Dotcom* passieren kann, ist der hinlänglich dokumentierte Untergang von *boo.com.* Ein hochspezialisiertes Unternehmen, das auf modebewusste Kunden abzielte, mit komplexen Strukturen und einem Management, das alles – einschließlich der technischen Entwicklung – selbst machte. Und dabei zeichnete es sich auf keinem Gebiet durch besondere Leistungen aus – vor allem seine Website war so kompliziert, dass der Kundendienst weniger gut funktionierte als bei Mitbewerbern auf weitaus niedrigerem Entwicklungsstand.

Betrachten wir im Gegensatz dazu die erfolgreichen Akteure im Technologie-Sektor, wie Cisco (unserer Meinung nach das größte und älteste *Dotcom* der Welt) oder AOL, die den Sturm auf dem Aktienmarkt relativ unbeschadet überstanden haben. Cisco legte mit dem Geschäftsergebnis 2000 bereits für das siebente Quartal in ununterbrochener Folge eine sich beschleunigende Wachstumsrate vor. Dies ist eine erstaunliche Leistung für jedes Unternehmen, aber geradezu unerhört für ein Unternehmen vom Reifegrad und der Größe von Cisco, das immer wieder die traditionelle Regel der „großen Zahlen" durchbricht.

Erfolgreiche *Dotcoms* haben im wesentlichen den Übergang vom Möchtegern-Unternehmen zum anerkannten Wirtschaftsakteur geschafft, indem sie sich erprobte Geschäftspraktiken aus der „*Old Economy*“ zu Eigen gemacht haben. Immer mehr der erfolgreichen Internetunternehmen sind in Wirklichkeit alteingeführte Firmen, die durch Einsatz des Internet als Absatzkanal und zur Intensivierung ihrer Kundenbeziehungen ihre Reichweite ausdehnen wollen.

Ihr gemeinsames Merkmal ist der Wille zur Veränderung. Sie setzen das Internet intern und extern ein, um ihren Mitarbeitern eine noch raschere Innovation zu ermöglichen und drastische Produktivitätssteigerungen zu erzielen. Dabei geht es keineswegs um alles oder nichts – gerade Firmen mit *Offline*-Präsenz, so genannte „*click and mortar*“- Unternehmen, die sowohl virtuell als auch als physische Organisation existieren, haben in vielen Fällen durch eine relativ unspektakuläre Nutzung des Internet außergewöhnliche Ergebnisse erzielt – meist durch bloßen Einsatz des Internet als Absatzkanal oder zur Rationalisierung des Einkaufs und zur Senkung der Betriebsmittelkosten. Trotzdem ist unbestritten, dass der Weg ins Netz in anderen Unternehmensbereichen wesentlich mehr und größere Vorteile bringt.

Das Beispiel Cisco – Umsetzung eines Geschäftsmodells im Internet

Das Beispiel Cisco illustriert wie kaum ein anderes die Bedeutung der Flexibilität in der Internet-Economy (siehe Diagramm 4).

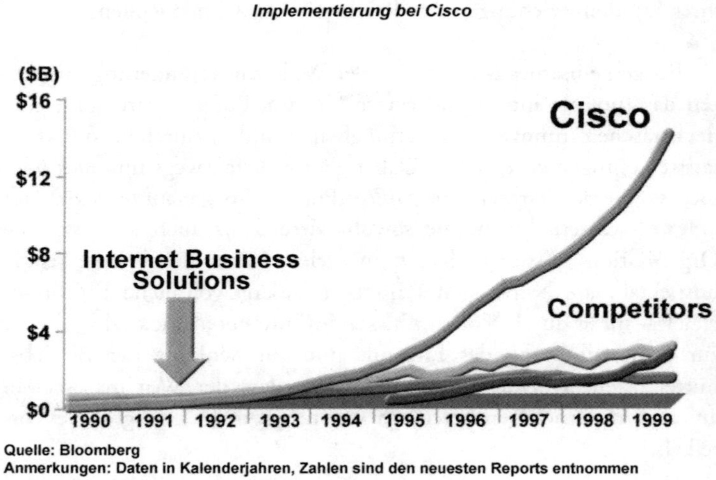

Diagramm 4

Es begann alles ganz bescheiden mit zwei Professoren aus Stanford, Sandy Lerner und Len Bosack, auf deren großartiger Produktidee ein ganzes Unternehmen aufgebaut wurde. Das war der *Router*. In den ersten Jahren kannte man uns nur als *Router*-Hersteller – und als solcher hatten wir einen äußerst erfolgreichen Börsegang.

Im Laufe der Zeit veränderten sich die Bedürfnisse unserer Kunden, die nun Gesamtlösungen von uns haben wollten. Daher haben wir unser Unternehmen durch interne Entwicklung und mehrere erfolgreiche Übernahmen entsprechend umgestellt. Heute haben wir mehr als 40,000 Mitarbeiter, wir erwirtschaften einen Ertrag von 18 Milliarden USD und unsere Börsenkapitalisierung liegt bei 360 Milliarden USD; und wir bieten die komplette Infrastruktur für das Internet.

Damit stellen wir nicht nur die gesamte, zur Datenübertragung erforderliche Funktionalität bereit, sondern auch die volle Multimediaunterstützung für Sprache, Daten und Video – und all das über ein IP-Netz. Dank dieser Flexibilität passt sich eine Cisco-Infrastruktur an jede Applikation an. Und dies wiederum gewährleistet die Flexibilität unserer Kunden.

Cisco schreibt seit 39 Quartalen in ununterbrochener Folge steigende Gewinne. Das ist die Beständigkeit, die man an der Wall Street schätzt – ein Unternehmen, das die Erwartungen der Analysten Quartal für Quartal erfüllt oder übertrifft.

Das ist der Grundpfeiler des Wachstums und des Erfolgs unseres Unternehmens. Wir verkaufen nicht nur Internetlösungen, sondern haben auch für unsere eigenen Geschäftsabläufe eine Vielzahl von Internetanwendungen implementiert. Unser eigenes Internet-Geschäftsmodell hat es uns ermöglicht, engere Beziehungen zu unseren Kunden, Partnern und Lieferanten herzustellen und die Effizienz unserer Geschäftsprozesse zu steigern. Durch unsere Investitionen im Bereich *„Internet Business Solutions“* und unser *„Global Internet Business Model“* haben wir uns deutlich von der Konkurrenz abgesetzt. Mittlerweile brauchen wir am Ende eines jeden Quartals nur noch einen Tag, um die Bücher abzuschließen.

Denn wir beschäftigen uns mit dem laufenden Quartal und nicht mit der Geschichte. Der Blick auf die laufenden Transaktionen bestätigt uns, was wir bisher nur vermuten konnten. Wir validieren unsere Entscheidungen in dem Augenblick, in dem wir sie treffen.

Der Kontoabschluss am Tag nach Quartalsende ist

- **effizient** → weniger Arbeitskraft und niedrigere Kosten, und
- **effektiv** → wir erhalten nahezu Echtzeitdaten zur Entscheidungshilfe.

Mit Hilfe unserer Internetlösung für das Lieferkettenmanagement konnten wir die Vorlaufzeiten für kundenspezifische Spezialanfertigungen von sechs bis acht Wochen auf ein bis drei Wochen reduzieren. Dies wurde dadurch möglich, dass unsere Lieferanten nun direkten Zugang zur Auftragsinformation haben, die Testläufe automatisiert wurden und die Zulieferer das Produkt direkt an den Kunden ausliefern.

56 Prozent der versandten Produkte gelangen niemals in ein Cisco-Werk oder in die Hand eines Cisco-Mitarbeiters, und doch behält Cisco die Kontrolle über den Prozessablauf und trägt letztlich die Verantwortung für die letztendliche Kundenzufriedenheit.

Durch die Ausschaltung der Einkaufsaufträge, die Vermeidung des Einsatzes zusätzlicher Prüfingenieure und die durch unser Lieferkettenmanagement bewirkten, niedrigeren Fertigungskosten konnten wir unsere jährlichen Betriebskosten um 175 Millionen USD reduzieren. (36 Millionen USD wurden bei den jährlichen Arbeitskosten und 139 Millionen USD bei den direkten und indirekten Kosten eingespart.) Nur unter dem Posten *„Cisco Internet Commerce Booking“* kam es innerhalb von vier Jahren zu einer Steigerung von 81 Millionen USD auf 7 Milliarden USD im ersten Quartal des Jahres 2001 (siehe Diagramm 5). Dadurch konnten die Lagerbestände bei Cisco und bei unseren Partnern um 45 Prozent abgebaut werden.

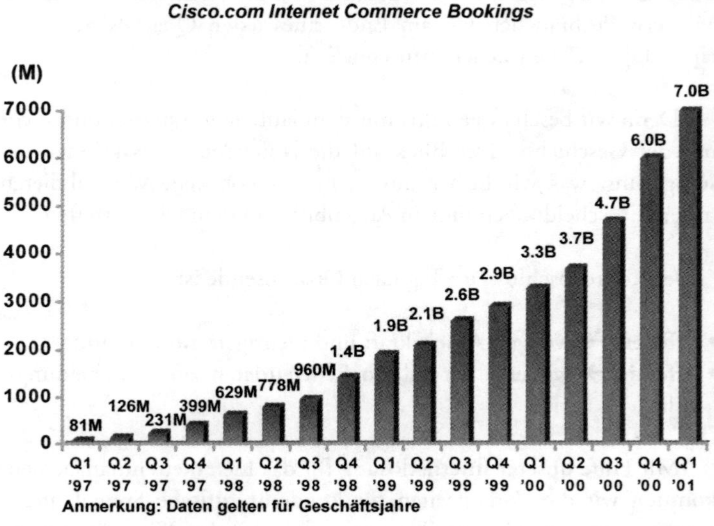

Diagramm 5

Effizientere Arbeitsabläufe ermöglichen es uns, mit niedrigeren Lagerbeständen zu arbeiten. Die Vorlaufzeiten bis zum Massenversand eines neuen Produktes wurden dank der kooperativen Entwicklungsinstrumente, die sowohl von Cisco als auch von den Zulieferern eingesetzt werden, um drei Monate verkürzt. Dies generiert einen zusätzlichen Deckungsbeitrag von etwa 270 Millionen USD. Das sind eindrucksvolle Zahlen, aber sie lenken manchmal von anderen, außerordentlich wichtigen Tatsachen ab. Die Zahlen sind Ausdruck enormer Effizienzsteigerungen und beachtlicher Einsparungen, aber nicht weniger wichtig ist die Tatsache, dass wir unsere strategischen Ziele im Bereich Wachstum, Kundenorientiertheit und Marktführerschaft bei Produkten und Technik erreichen. Unser Lieferkettenmanagement hat es uns ermöglicht, unsere Fertigung so wirtschaftlich wie möglich zu betreiben und gleichzeitig unser Qualitätsniveau zu steigern.

Ohne unsere vernetzte Lieferkettenstrategie hätten wir dies nie geschafft und wären heute nicht in der Lage, den sich ständig verändernden Erwartungen unserer Kunden und Märkte zu entsprechen. Dieser Flexibilität verdanken wir unseren Vorsprung gegenüber der Konkurrenz.

Cisco hat eine eigene *„Internet Business Solutions Group" (IBSG)* eingerichtet, die sich ausschließlich damit beschäftigt, den Erfolg unserer Kunden im neuen wirtschaftlichen Umfeld durch geschickten Einsatz der Internettechnologie zu steigern. Oft verweisen wir auf unser eigenes Unternehmen als Fallstudie für den erfolgreichen Einsatz des Internet. Cisco hat mit Hilfe der Internettechnologie seine Kernprozesse und seine Unternehmenskultur integriert und damit neue Maßstäbe für die Transformation von Unternehmen gesetzt. Durch die Begründung einer Internetkultur – nicht nur bei Cisco, sondern auch bei unseren Partnern und Zulieferern – schaffen wir ein Ökosystem, dem wir gewaltige Ergebnisverbesserungen verdanken. Unsere monatlichen *Online*-Umsätze übersteigen zur Zeit 1 Milliarde USD, bei den Betriebskosten sparen wir jährlich 825 Millionen USD, 70 Prozent der Kundenprobleme können über das Internet gelöst werden, 87 Prozent der Kundenbestellungen erfolgen *online*, und die Kundenzufriedenheit hat signifikant zugenommen.

Die *IBSG* stellt ihre gesamte Erfahrung, ihr Fachwissen, ihre Netzwerkarchitektur und das hinter diesem Erfolg stehende Ökosystem von Anwendungen und Partnern allen Kunden zur Verfügung. Was auf Kundenseite vorhanden sein muss, ist ein echtes Engagement des Spitzenmanagements, die Technologie innerhalb des Unternehmens als Motor des Wandels einzusetzen, und eine entsprechende Unternehmenskultur. Für erfolgreiche Unternehmen, die sich diese Technologie zu eigen machen, wird das Internet zu einer reinen Versorgungsleistung – vergleichbar mit Strom oder Postdiensten – die in allen Geschäftsbereichen zum größtmöglichen Vorteil genutzt wird.

Ich habe anfangs von den Attributen derer gesprochen, die sich im natürlichen Überlebenskampf bewähren. Ähnliche Attribute sind auch für den langfristigen Bestand eines Unternehmens im *E-Business* entscheidend:

- Anpassungsfähigkeit. Jedes Unternehmen muss eine klare Vorstellung davon haben, was es darstellen und wo es sich positionieren will; gleichzeitig muss die Unternehmenskultur auf Flexibilität und rasche Veränderung ausgerichtet sein. Nur so kann ein Unternehmen die sich bietenden Chancen spontan nutzen und die Mitbewerber überholen, denn oft sind es gerade die sich wandelnden Märkte, in denen über Erfolg oder Misserfolg entschieden wird.

- Konzentration auf das Kerngeschäft. Ein Unternehmen sollte sich auf seine Kernkompetenzen konzentrieren und nicht außerhalb des eigentlichen Geschäftsfeldes tätig werden. Wenn Sie mit dem besten für Sie verfügbaren Logistikunternehmen zusammenarbeiten, schaffen Sie Mehrwert für den Kunden. Wenn Sie dies regelmäßig tun, entsteht ein Ökosystem. Die bloße Tatsache, dass ein Unternehmen die Technologie zur Erreichung seiner Unternehmensziele einsetzt, bedeutet keineswegs, dass es diese Technologie auch selbst bereitstellen muss – auch ein Versandhaus würde nie auf den Gedanken kommen, die Dienstleistungen der Post zu übernehmen. Sehr oft erweist sich die Auslagerung einer Leistung als die wirtschaftlichere und bessere Möglichkeit, da spezialisierte Unternehmen wesentlich mehr Zeit und Geld für erfolgsentscheidende Systeme, wie Ausbildung und Ähnliches, aufwenden können.

- Aufbau einer Internetkultur. Man merkt es sofort, wenn ein Unternehmen den Herausforderungen der Web-Technologie noch nicht ganz gewachsen ist. Da gibt es zum Beispiel Firmen, die haben zwar eine Website, aber die Aufträge werden noch immer per Fax entgegengenommen. Manche Supermärkte wenden dieses System bei *Online*-Bestellungen an. Sie fordern ihre Kunden auf, über das neue System (*online*) Bestellungen aufzugeben, die dann in das alte System einfließen. Die gefaxten Aufträge müssen von einem Mitarbeiter händisch in das bestehende Lagerhaltungssystem eingegeben werden. Auf diese Weise wird zwar der Arbeitsaufwand größer, aber die Umsätze werden kaum steigen. Erst wenn in einem Unternehmen eine Internetkultur entsteht, wenn das Internet für die täglichen Routineaufgaben eingesetzt wird und damit bürokratische Hindernisse abgebaut werden, zeigt sich sein wirklicher Nutzen. Dabei ist jedoch zu bedenken, dass eine rein interne Internetkultur nicht ausreicht – die Information muss an Partner und Zulieferer weitergegeben werden, sodass ein die gesamte Lieferkette umfassendes Ökosystem entstehen kann. Erst dann werden die Vorteile des Internet in Form von höherer Rentabilität, niedrigeren Kosten und gesteigerter Produktivität sichtbar.

- Echte Qualität. Eine hervorragende Leistung auf einem bestimmten Gebiet – z.B. im Kundendienst – ist im Wettbewerb ein größerer Vorteil als mäßige Leistungen auf verschiedenen Gebieten. Wer sich in einem Markt mit immer intensiver werdendem Wettbewerb – und das sind praktisch alle Märkte – bewähren und Marktanteile gewinnen will, sollte seinen Kunden maximalen Wert in einem einzigen, klar umrissenen Bereich bieten. *Online*-Unternehmen müssen lernen, dass es um mehr geht als die bloße Präsenz im Internet.

Für Firmen, die ihre Produkte im Web anbieten, gewinnen diese Attribute zunehmend an Bedeutung, da die Möglichkeiten einer Differenzierung über den Preis geringer werden. Am Anfang dieser Entwicklung, als Internetunternehmen nur mit den traditionellen „*brick and mortar*"-Firmen im Wettbewerb standen, war der Preis noch entscheidend. Heute sind auch die Konkurrenten im Internet präsent, die Möglichkeiten für weitere Kostensenkungen schrumpfen, und damit werden Kundentreue und Kundenzufriedenheit zu den Faktoren, die über den Unternehmenserfolg entscheiden.

Im Wesentlichen hängen die Faustregeln für Überleben und Erfolg im Internet alle zusammen – und sie gelten für das traditionelle Geschäft ebenso wie im Web. Sie haben sich in der Praxis bewährt. Als weltweit führender Anbieter von Networking-Lösungen für das Internet hat sich Cisco jede einzelne dieser Regeln zu Eigen gemacht und ist damit zu einem der größten Unternehmen der Welt geworden. Letztlich sind wir nichts anderes als ein Anbieter von Networking-Produkten, aber wir nützen diese Produkte, und letztlich auch das Internet, um bei uns selbst und bei unseren Kunden alle unnötigen Kosten auszuschalten. Darum ist Cisco eine der erfolgreichsten Organisationen, die es je gegeben hat.

In dem Maße, wie die digitale Wirtschaft an Reife gewinnt, wird die Beachtung grundlegender, kommerzieller Prinzipien unerlässlich. Die Zeiten, als eine bloße *Internetsite* eine Erfolgsgarantie darstellte, sind längst vorbei. Früher hat man angenommen, dass die Präsenz im *Web* einem Unternehmen den Zugang zu weltweiten Märkten sichert; heute wissen wir, dass ein im *Web* präsentes Unternehmen dem weltweiten Wettbewerb ausgesetzt ist und nur dann erfolgreich sein kann, wenn es die *Web*-Technologien nicht nur zum Aufbau neuer Vertriebskanäle, sondern auch zur Verbesserung der Kundenkontakte und Lieferantenbeziehungen, zur Förderung selbständiger Mitarbeiterentscheidungen und für eine Vielzahl anderer Zwecke einsetzt.

Das Internet kann zum Rückgrat einer Organisation werden und einem Unternehmen Flexibilität verleihen – vorausgesetzt, die Implementierung erfolgt nach gründlicher Überlegung. Der Schritt ins Internet muss ebenso ernst genommen werden wie Personalentscheidungen, Marketingstrategien oder andere Schlüsselkomponenten der Unternehmenspolitik. Wer sich der Aufgabe nicht gewachsen fühlt, sollte Hilfe von außen zuziehen.

Das Prinzip der natürlichen Selektion bedeutet aber, dass es Verlierer geben wird. Dies war in der Natur immer so und ist auch im Wirtschaftsleben nichts Neues – und oft sind die Überlebenden jene, die sich im Streben nach Erfolg rasch von den anderen differenziert haben. Das erkennen auch die traditionellen Unternehmen der „*Old Economy*" – ein gutes Beispiel ist der Sektor der Finanzdienstleistungen, wo derzeit alle ins *Web* drängen, um an der wunderbaren Welt des Internet teilzuhaben. Dies gilt im Besonderen für den Kundendienst, wo heute den Kunden Aufgaben übertragen werden, für die man in der Vergangenheit Personal brauchte.

Die Chancen sind heute ebenso groß wie vor einem Jahr – die Unternehmen der „*Old Economy*" können sich den Unternehmergeist, das Wissen und die Technologie des Internet zu Eigen machen, und auch die *Startups* haben realistische Überlebenschancen, wenn sie die Grundprinzipien des Wirtschaftslebens beachten. In vielen Märkten sind alte Eintrittsbarrieren verschwunden, die Spielregeln sind für alle gleich. In der Internetwirtschaft ist Geschwindigkeit entscheidender als Masse, und gut geführte *Dotcoms* haben noch immer gute Erfolgschancen.

Die Grundsätze des kommerziellen Darwinismus, wonach nur jene überleben, die sich den Marktbedingungen am besten anpassen, gelten nach wie vor, aber unsere Definition der kommerziellen Anpassungsfähigkeit ist durch das Internet eine andere geworden.

Mag. Erwin Bendl:

Studium der Rechtswissenschaften in Salzburg, Exportakademie an der Universität Innsbruck. Zunächst Assistent am Institut für Wirtschaftswissenschaften an der Universität Salzburg, anschließend Redakteur für Wirtschaft und Politik, später industriepolitischer Experte der Industriellenvereinigung. In dieser Funktion u. a. Attaché an der Ständigen Vertretung Österreichs bei der EU in Brüssel und Mitwirkung bei den internationalen Arbeitgebervereinigungen UNICE (EU) und BIAC (OECD). Seit 2000 bei der Siemens AG Österreich, derzeit im Bereich Corporate Development.

Der Autor hat zahlreiche industriepolitische Aufsätze im In- und Ausland veröffentlicht, ist Mitglied des World Economic Freedom Networks und engagiert sich im Think-tank for International Governence Research Austria (TIGRA) für mehr Wirtschaftsfreiheit.

Dr. Erhard Fürst,
geboren 1942 in Wien. Realgymnasium in der BEA Graz-Liebenau, Jus-Studium an der Universität Wien (Promotion 1964). Bis 1966: Ökonomie-Studium am Institut für Höhere Studien, Wien, danach (bis 1968) Assistent an der Abteilung Ökonomie des Instituts für Höhere Studien, bis 1969 Leiter der erwähnten Abteilung. 1969 – 1971: Mitarbeiter des Internationalen Währungsfonds in Washington D.C., 1971 – 1973 Mitarbeiter des Österreichischen Instituts für Wirtschaftsforschung , 1973 – 1983 Beigeordneter Direktor des Instituts für Höhere Studien, 1983 – 1992 Leiter der volkswirtschaftlichen Abteilung der Creditanstalt in Wien, seit 1993 Leiter des Bereichs Industriepolitik und Ökonomie der Vereinigung der Österreichischen Industrie.

Robert Lloyd
ist Vizepräsident von Enterprise und Small/Medium Lines of Business (LOB) sowie Channel Operations in Europa, Mittlerer Osten und Afrika. Er ist für die Entwicklung, das Management und die Beuafsichtigung der Produkt- und Programmanforderungen der Cisco Enterprise und Small/Medium Business Kunden in EMEA verantwortlich, wie auch für die Ausfürhung sämtlicher Partnerbetreuungsprogramme. Vor Cisco war Rob Lloyd Vizepräsident für Corporate Sales bei einem führenden kanadischen System Integrator. 1982 begann Lloyd mit einer eigene Personal Computer Firma, die sich auf Regierungs- und Erziehungsprojekte konzentrierte. Seine Firma wuchs innerhalb von 9 Jahren auf 400 Angestellte. Robert Lloyd wurde in Montreal, Kanada, geboren und hat einen Abschluss seines Wirtschaftsstudiums der University of Manitoba. Lloyd lebt in London, ist verheiratet und Vater von 2 Kindern.

Mag. Markus Marterbauer,
geboren 1965 in Uppsala/Schweden. 1983-1989: Wirtschaftsuniversität Wien, Studium der Volkswirtschaftslehre. 1988-1994: zunächst Studien-, dann Universitätsassistent, Wirtschaftsuniversität Wien, Institut für Volkswirtschaftstheorie- und -politik. 1994- dato: Österreichisches Institut für Wirtschaftsforschung, Referent für Konjunktur und Makroökonomie, Lektor, Wirtschaftsuniversität Wien und Fachhochschule für Europäische Wirtschafts- und Unternehmensführung Wien. 2000: Forschungsaufenthalt am Department of Economics, York University, Toronto. Forschungsschwerpunkte: Konjunkturprognose, Makroökonomie (Budget- und Geldpolitik, Beschäftigungspolitik)

Mag. Marianne Elisabeth Kager,
1971 – 1976: Studium der Volkswirtschaftslehre an der Universität Wien. Wissenschaftliche Mitarbeiterin am Ludwig Boltzmann-Institut (1977 – 1983), im Bundeskanzleramt, im Bundesministerium für Handel, Gewerbe und Industrie (1983 – 1986), Bundesministerium für Landwirtschaft (1986 – 1987), seit 1987 im Bankbereich tätig, seit 1990 Leiterin der Abteilung Volkswirtschaft der Bank Austria, Abteilungsdirektorin.
Verschiedene Publikationen zu Österreichs Industriestruktur, Investitionsförderung und Technologiepolitik sowie Beiträge zu diversen Themen in einzelnen Zeitschriften.